民族文字出版专项资金资助项目

藏羌彝文化走廊传统村落研究丛书

林木彝家
——四川省凉山彝族自治州美姑县依果觉乡四季吉村

著 ◎ 何文海　吉洛打则
摄 ◎ 谢诗呷

四川民族出版社

图书在版编目（CIP）数据

林木彝家：四川省凉山彝族自治州美姑县依果觉乡四季吉村：彝、汉 / 何文海，吉洛打则著. -- 成都：四川民族出版社，2021.4
ISBN 978-7-5409-9860-8

Ⅰ.①林… Ⅱ.①何… ②吉… Ⅲ.①村落 – 调查研究 – 美姑县 – 彝、汉 Ⅳ.①K927.15

中国版本图书馆CIP数据核字（2021）第074064号

LINMU YIJIA
林 木 彝 家
——四川省凉山彝族自治州美姑县依果觉乡四季吉村

著 ◎何文海　吉洛打则　　摄 ◎谢诗呷

出 版 人	泽仁扎西
责任编辑	李　娟　沈阿红　伍桔莹
责任印制	谢孟豪
出版发行	四川民族出版社
地　　址	四川省成都市青羊区敬业路108号T区
成品尺寸	170mm×240mm
印　　张	12
字　　数	240千
制　　作	四川胜翔数码印务设计有限公司
印　　刷	成都市金雅迪彩色印刷有限公司
版　　次	2021年4月第1版
印　　次	2021年4月第1次印刷
书　　号	ISBN 978-7-5409-9860-8
定　　价	55.00元

版权所有　翻印必究

《藏羌彝文化走廊传统村落研究丛书》
编委会

主　编

李　锦

编　委

胡　华（彝）　　孟　燕

杨正文（苗）　　耿　静（羌）

何文海（彝）　　秦　琳

总序

保护传统村落：延续藏羌彝文化走廊的文脉

党的十八大以来，以习近平同志为核心的党中央高度重视中华优秀传统文化的传承发展，始终从中华民族最深沉精神追求的深度看待优秀传统文化，从国家战略资源的高度继承优秀传统文化，从推动中华民族现代化进程的角度创新发展优秀传统文化，使之成为实现"两个一百年"奋斗目标和中华民族伟大复兴的根本性力量。习近平总书记做出的一系列重要论述，为传承和创新发展中华优秀传统文化指引了方向。"要加强对中华优秀传统文化的挖掘和阐发，使中华民族最基本的文化基因与当代文化相适应、与现代社会相协调，把跨越时空、超越国界、富有永恒魅力、具有当代价值的文化精神弘扬起来。要推动中华文明创造性转化、创新性发展，激活其生命力，让中华文明同各国人民创造的多彩文明一道，为人类提供正确精神指引。要围绕我国和世界发展面临的重大问题，着力提出能够体现中国立场、中国智慧、中国价值的理念、主张、方案。"

2018年9月，四川省委、省政府印发《四川省乡村振兴战略规划（2018—2022年）》，对我省实施乡村振兴战略做出整体部署，明确坚持把实施乡村振兴战略作为新时代"三农"工作的总抓手，按照产业兴旺、生态宜居、乡风文明、治理有效、生活富裕的总要求，统筹推动乡村产业振兴、人才振兴、文化振兴、生态振兴、组织振兴，建立健全城乡融合发展体制机制，加快推进农业农村现代化，推动我省由农业大省向农业强省跨越。对于乡村要怎样才算得上振兴，规划明确了乡村优秀传统文化传承和发展更加有效,农村基本公共服务水平进一步提升,农村居民收入水平持续稳定增长等重要内容。我们此次出版的这套《藏羌彝文化走廊传统村落研究丛书》,就是贯彻中央和省重大战略部署的具体措施。

我国西部的横断山区居住着许多少数民族,在漫长的历史中,各民族南来北往、繁衍迁徙,各种文化在这里深入地沟通交流,形成了民族走廊型的文化特点。这种文化特点,体现了中华民族多元一体格局形成的历史过程,是促进民族团结、增强国家认同的重要文化特质。民族走廊首先立足于自然环境的丰富性和复杂性。横断山区的自然环境特点是河流从北向南奔流,两岸岭谷并列,河谷深切。海拔高差从800米左右到6500米以上不等,气候、土壤、植被都呈垂直分布。东西向的交通被高山和河流阻隔,主要的人口和商品流动以南北向移动为主,东西向则沿比较固定的通道流动。其次民族走廊内,历史上的人群迁移频繁,各种文化深度融合,形成了各民族"你中有我,我中有你"的整体。各民族文化的丰富性和走廊内文化的混合性特征,促进了文化资源的积淀,为文化产业发展、精准扶贫提供了条件。

为落实传承发展优秀传统文化,加快建设具备引领示范效应的特色文化产业带,进一步促进西部地区、民族地区特色文化产业发展,把文化产业培育成为区域经济支柱性产业,保护文化生态,传承民族文化,增强国家认同,促进民族团结,2014年3月,文化部、财政部印发了《藏羌彝文化产业走廊总体规划》（以下简称《规划》）。《规划》提出的目标是："合理利用地方和民族特色文化资源，在与产业和市场的结合中实现民族文化的有效传承和保护，培育各具特色的民族文化产业品牌；以改善民生为出发点，加快发展特色文化产业，实现文化富民；推进文化与生态、旅游的融合发展，把藏羌彝文化产业走廊建设成为世界级文化旅游目的地；推动文化产业成为区域经济支柱性产业，为西部和民族地区的振兴繁荣提供强大动力。"

《规划》划定的核心区域位于四川省、贵州省、云南省、西藏自治区、陕西省、甘肃省、青海省等7省（区）交汇处，包括四川省甘孜藏族自治州、阿坝藏族羌族自治州、凉山彝族自治州，贵州省毕节市，云南省楚雄彝族自治州、迪庆藏族自治州，西藏自治区拉萨市、昌都地区、林芝地区，甘肃省甘南藏族自治州，青海省黄南藏族自治州等7个省（区）的11个市（州、地区）。覆盖面积超过68万平方千米，藏、羌、彝等少数民族人口超过760万。而直接辐射的区域包括四川省绵阳市、乐山市、雅安市、攀枝花市，贵州省六盘水市，云南省丽江市、大理白族自治州，西藏自治区山南地区、那曲地区，陕西省宝鸡市、汉中市，甘肃省临夏回族自治州、武威市、张掖市、陇南市，青海省海北藏族自治州、海南藏族自治州、海西蒙古族藏族自治州、果洛藏族自治州、玉树藏族自治州，以及与上述区域紧密相连的西部省（区、市）藏、羌、彝、纳西、苗等少数民族聚居区域。我省民族地区的所有州县全部进入规划范围，这既是保护传统文化的重要决策，更是使中华民族传统基因与现代生活结合的重要举措。

藏羌彝文化产业走廊中，将重点发展以下文化产业：

第一，文化旅游。推进文化资源向旅游产品转化，培育一批具有藏羌彝特色的文化旅游景区景点，布局一批民族文化体验消费场所，鼓励发展自驾游、自助游等新兴文化旅游业态。重视历史文化名城名镇名村和传统村落保护，支持建设民族风情休闲街区、特色村镇、旅游度假区，鼓励特色旅游餐饮和主题酒店发展，延伸文化旅游产业链。

第二，演艺娱乐。整合文化与旅游资源，在知名旅游景区培育高品质、有地方特色和民族特色的演艺精品和演艺娱乐场所，积极发展集演艺、休闲、旅游、餐饮、购物、健身于一体的综合性娱乐设施，提高藏羌彝文化产业走廊旅游业的人文内涵和文化吸引力，促进演艺娱乐与旅游业良性互动、有机结合。积极挖掘旅游演艺的巨大市场潜力，形成若干演艺精品汇集、聚集效应明显的旅游演艺特色产业群。加强舞美设计、舞台布景创意和舞台技术装备创新，创作具有深厚民族文化内涵的实景演出和具有较强参与性、互动性的体验情景剧目。

第三，工艺美术。发掘藏、羌、彝等民族的文化元素，突出地域特色，强化品牌意识，在保护多样性和独特性的基础上，促进工艺美术产业集约化、规模化发展。坚持保护传承和创新发展相结合，加快工艺美术产品与创意设计、现代科技和时代元素融合，增加文化含量和科技含量，提高产品附加值。支持开发具有地域特色和民族风情的特色文化用品、工艺品和旅游商品。鼓励发展"公司+农户"经营模式，促进民族民间手工艺品生产和销售，鼓励农民通过手工技艺增收致富。

第四，文化创意等新兴业态。促进民族文化元素与高新技术、音乐制作、时尚设计、广告设计、家居装饰设计相结合，大力推进文化创意、设计服务与相关产业融合发展。营造创意设计氛围，不断提高创意设计能力，提高特色文化产品的创意设计水平。鼓励具备条件的地区挖掘优秀地方和民族特色文化，推进文化科技融合创新，发展动漫游戏、网络音乐、网络演艺、网络广告、文化电子商务和增值服务等新兴业态。依托藏羌彝文化产业走廊人文、自然资源，开展国际性摄影活动，建设世界级摄影基地。

为推动藏羌彝文化产业走廊的产业发展，2018年11月1日，四川省文化厅发布了《藏羌彝文化产业走廊四川区域三年行动计划（2018—2020年）》，提出要合理利用地方和民族特色文化资源，以改善民生为出发点，培育各类文化市场主体，依托传统文化走廊和现代交通枢纽，发挥通道经济和文化旅游的带动聚集效应，在与产业和市场的结合中实现民族文化的有效传承和保护，推动文化产业成为当地国民经济重要支柱性产业。

藏羌彝文化产业走廊和传统村落保护的关系，是传承利用和文化根脉的关系。传统村落承载的传统文化，既是文化产业赖以生存的资源，更是文化创意植根的土壤。没有传统村落，藏羌彝文化产业走廊就没有灵魂。

《藏羌彝文化走廊传统村落研究丛书》已经被列入"十三五"国家重点图书出版规划，包括藏、羌、彝、苗四个民族的代表性传统村落村落志和相关的传统村落保护研究著作。这几个民族村寨都已列入国家级传统村落名录，村落志的写作将以扎实的田野调查为基础，客观深入地对村落文化特质进行研究，明确其人与自然的关系、社会的特点、民间信仰的方式等重要的基础信息，尤其重视系统梳理只属于这一村落的独特文化现象，为传统村落保护提供依据。同时，我们将基于习近平总书记关于传统文化保护、乡村振兴的重要思想，依据省委省政府的重大部署，从学术上讨论藏羌彝文化走廊中传统村落保护与文化产业发展的关系，探寻更为适当的路径，为这一区域的优秀传统文化保护、改善民生、促进民族团结和增强各民族的国家认同做出贡献。

李锦

2018.12.11

目 录

绪 论 从彝族传统村落研究看四季吉村 /017

一 彝族传统村落研究 /018

二 对研究四季吉村的启示 /029

一 自然地理 /032

二 历史人文 /044

第一章 大凉山深处的四季吉村 /031

三 村落概况 /048

四 农牧生产 /058

五 传统服饰 /066

六 传统饮食 /068

七 传统用具 /071

目 录

第二章 四季吉村的耶莫建筑 /075

一 凉山彝族的耶莫 /076

二 民居建筑中的阴阳观 /078

三 选择耶莫屋基 /079

四 为耶莫算日子 /081

五 耶莫建造工序 /086

六 耶莫建成仪式 /088

七 耶莫门口朝向 /090

八 耶莫基本构件 /092

九 耶莫结构形式 /097

十 耶莫外观形制 /102

十一 耶莫平面布局 /104

十二 耶莫装饰艺术 /111

第三章　四季吉村耶莫的匠人与主人　/ 117

一　阿合者衣　/ 118

二　尔祖阿嫫　/ 124

三　木坡烈布　/ 130

第四章　四季吉村的节日庆典　/ 137

一　彝历新年　/ 138

二　剪羊毛节　/ 144

第五章　四季吉村的信仰仪式　/ 151

一　送灵归祖仪式　/ 152

二　还债仪式与赎魂仪式　/ 158

第六章 四季吉村的人生礼仪 /163

一 婚姻礼仪 /164

二 丧葬仪式 /170

结　语　从四季吉村看少数民族传统村落保护 /175

一 保护与发展的并行与"互促" /176
二 整体性保护与活态性保护 /178
三 从"自在传承"到"自觉保护" /180

参考文献 /182

后　记 /188

绪论
XULUN

从彝族传统村落研究看四季吉村

一 彝族传统村落研究

20世纪80年代以来，伴随着现代化、城镇化建设的迅速推进，我国传统村落的生存空间大幅缩小，数量日渐减少，保护与传承问题日益突出。在此背景下，在"古村落""历史文化名村""少数民族特色村寨""传统村落"等概念下对传统村落的保护实践与学术探索开始出现。21世纪以来，以"中国历史文化名镇名村名录""中国传统村落名录"为主要标志的保护实践与相关学科的理论探讨相互促进，使我国的传统村落研究无论在数量上还是质量上都取得了很大进展，进入了一个日趋多元的新阶段。现有的传统村落研究成果既有宏观的理论探讨，又有具体个案的调查研究。研究主题涉及传统村落的概念与内涵、认定标准与价值体系、历史沿革、保护理念与方法、名录制度、发展路径、空间布局特征、文化空间与文化景观、传统建筑、物质与非物质文化遗产、社会结构与社会组织、保护与发展的动力机制、旅游发展等方面，形成了"多学科、多主题、多方法"的显著特征。作为我国传统村落研究的组成部分，彝族传统村落研究可以追溯到20世纪末期，并从21世纪初期特别是最近10年以来，较快积累起越来越多的学术成果。与我国传统村落研究一样，彝族传统村落研究的一个中心命题是对传统村落保护与发展问题的探讨，同时又不局限于此，新的研究主题也在不断出现。现有彝族传统村落研究成果可以概括为彝族传统村落的物质形态与文化艺术内涵、彝族传统村落的社会文化变迁、彝族传统村落的保护与发展、彝族传统村落的民族志研究四个方面。

（一）彝族传统村落的物质形态与文化艺术内涵研究

现有彝族传统村落物质形态与文化艺术内涵的研究可归纳为解读传统村落物质形态蕴含的文化艺术内涵，民族精神文化特征对传统村落物质形态选择的影响，对彝族传统村落建筑及其经济社会文化的系统研究三个方面。

对传统村落物质形态蕴含的文化艺术内涵的解读是彝族传统村落研究最早关注的主题，可以追溯到20世纪90年代。冯敏等（1990）所写的《凉山彝族奴隶制民居的建筑艺术》一文中，结合四川凉山彝族地区的奴隶制社会制度分析了彝族传统民居建筑的艺术内涵。他们认为："凉山彝族民居集实用性、艺术性、意识性为一体，反映了凉山彝族的生产形态、等级观念、军事防卫、爱马习尚、拜火遗风、图腾崇尚。"基于这一思路，文章总结出凉山彝族民居的居住环境表现了其生产和社会形态；体现了鲜明的等级分化，反映了奴隶制等级森严的特点；建筑设施与凉山彝族的风俗习惯相适；民居装饰蕴含了凉山彝族的原始宗教信仰；就地取材、因材制用等5个主要特征。李永生（1995）写的《彝族的土掌房》一文，在指出云南彝族民居中土掌房、瓦房、一颗印民居和木楞房等多种建筑形式并存的同时，详细梳理了滇南哀牢山区彝族传统民居土掌房的起源、建筑风格、功用、发展前景与文化内涵。21世纪初期，对云南、四川不同地区彝族传统村落及其文化内涵的研究在不断增加，几乎每年都有新成果问世，研究对象日益多样，研究主题不断细化，研究视角日趋拓展。杨庆光（2008）分析了楚雄彝族传统聚落的形态、选址、空间与文化特点，以及土掌房、垛木房、合院等彝族传统民居的民族性、地域性特点，提出在彝族民居传统的传承与再创造中应该从尊重自然环境、适应气候、延续传统特色空间形式，以及运用传统材料、传统建筑装饰构件符号与民族传统色彩等方面吸取经验。杜欢（2009）着重讨论了四川凉山彝族传统民居的造型与色彩，提出传统民居造型与色彩应用的现实意义，并从造型与色彩在建筑设计中的局部运用和整体运用两个方面进行了案例分析。张源洁（2010）对云南省大姚县松园子村传统民居建筑与现代楼阁式建筑并存的"双宅式"居住模式的文化内涵进行了解析，认为这一独特居住模式反映了昙华彝族的适应力和创造力，以及他们对民族传统文化的守望和创新。田咪咪等（2010）从造型、结构、装饰、功能与历史演变五个方面对云南昆明地区彝族传统住屋形式——"一颗印"建筑进行了介绍，阐释了其所折射出的民族融合历程、家庭伦理观念、人与自然和谐思想等云南彝族居室文化。平慧（2010）从土掌房反映的宗教意识观念、生存观、社会道德观和审美观对云南省泸西县城子村彝族民居的文化内涵进行了分析，探讨了彝族土掌房的保护价值。范美霞（2012）分析了四川凉山彝族的传统瓦板房在结构、装饰以及使用空间的分布等方面的特点及其相关的文化习俗，并从现代生活的角度提出应当在新兴建筑中保留传统民居的优点与特色，保留相关民间习俗。李程春等（2013）对云南省泸西县城子村彝族人家土掌房的建筑艺术进行了解析，梳理了土掌房建筑与自然环境的关系，总结了土掌房建筑中美与善的协调统一。王冬梅（2014）对楚雄彝族民居建筑的艺术性进行了分析，认为楚雄彝族特色民间建筑可以说是社会和自然的双重选择，体现出了建筑与环境的有机融合。李涛（2015）通过对云南省昆明市乐居老村彝族传统村落建筑文化的研究，认为该村是一个在彝汉文化交融中产生的以彝族文化为主的村落；是一个具有鲜明的地域文化的村落；是一个对典型"一颗印"形制有所创新的村落。苏斐然等（2017）探讨了彝族传统民居建筑的伦理意蕴及其当代价值，认为蕴含天人相亲的生态伦理思想，人神共居的宗教信仰观念，和谐友善的人际关系原则，尊卑有序的人伦秩序意识，质朴务实的伦理审美精神等传统伦理思想的彝族传统民居建筑，对于留住乡愁，树立非人类中心主义的环境伦理观，弘扬节俭内敛的建筑文化具有借鉴价值。李绍东（2019）对云南省峨山县亚尼河谷的彝族传统建筑形态、建造技艺与相关文化现象进行了考察，讨论了该地区建筑文化的价值。

民族精神文化特征对传统村落物质形态选择的影响方面的研究成果也较为丰富。刘浩（2003）研究认为，彝族的家支"茨伟"（ꋂꫴ，指凉山彝族以父系血缘为纽带结成的人群共同体）文化、宗教文化等对彝家民居的选址、总体布局、结构形式等方面产生了深远影响，彝族人将传统文化与地理环境及民族建筑有机结合，使物质和精神和谐统一，从而创造出了独具特色的彝家民居。侯宝石（2004）指出凉山彝族民居建筑是一种自然张力与社会文化共同作用下的产物，认为家支制度和祖灵信仰作为凉山彝族社会的两大基本要素是形成彝族建筑文化活动及其他各类活动的根源。龙倮贵（2009）探讨了滇南彝族原始宗教信仰及其空间观念对彝族村落格局、传统建筑的影响，认为滇南彝族村寨的格局与建筑物，以及在建村立寨、破土动基、起屋盖房的过程中举行的一系列活动仪式，构成了滇南彝族宗教信仰的外在表现形式。才让扎西（2011）从传统社会组织的角度对哀牢山波村的彝族民居与公共建筑进行了研究，从宗族与村落居住格局、民居建筑与宗族村落中人的互动、民居建筑与家庭结构的关系三个方面探讨了民居建筑与村落社会结构的关系。念鹏帆等（2017）考察了云南省石林县蝴蝶村村落空间的变迁历程，认为政治权力不断重组是形成少数民族村落空间不断变革的内在逻辑。马特合（2019）从彝族毕摩文化视野出发，结合民居的形（形状感）、色（色彩感）、质（材质感）、量（体量感）、场（形态场感）等五个基本要素，对四川省凉山州美姑县的彝族传统民居形态进行了解读。

对彝族传统村落建筑及其经济社会文化的系统研究主要表现为几本研究专著的出版。这些研究大多具有人类学的学科视野，虽然数量不多，但是质量较高，产生了较大的学术影响。郭东风（1996）所著的《彝族建筑文化探源》从彝族建筑文化体系发生发展过程入手，综合运用人类学、民族学、民俗学、社会学的知识与方法探讨了远古居住原型及其衍生发展状况与受居住环境影响形成的心理观念。通过对彝族祭祀仪式及神话传说的剖析和研究，作者认为"同""柱""势"三个观念模式是构成彝族建筑营构活动的深层思想观念。通过对彝族社会、历史、宗教、建筑的全面考察，作者得出了彝族和古羌戎有着共同文化传承和心理深层结构的结论。朱爱东等（2010）主编的《城市边缘的彝族村落：云南宣威县庄子村调查与研究》是中山大学人类学系师生基于对西南少数民族地区进行人类学田野调查形成的"中国田野调查丛书"之一。该书以专题论文形式，从经济模式、权力结构、婚姻家庭、风俗习惯、宗族信仰、教育卫生等内容，叙述了处于城市边缘的彝族村落——云南宣威县庄子村的物质文化、制度文化和精神文化。温泉等（2016）所著的《西南彝族传统聚落与建筑研究》系统总结了彝族建筑的构成体系和文化技术特色、聚落营建理念的生态人文价值、民族建造技术的科学文化价值和建筑演变规律的史学研究价值。探索了彝族聚落的生成机制与发展演变规律，并在分析彝族传统聚落保护与开发现基础上，提出了文化生态保护与彝族建筑文化保护开发的原则与策略。成斌（2017）所著的《凉山彝族民居》对四川凉山彝族传统民居建筑的生成背景、发展历程、聚落选址与布局、建筑类型与单体建筑特点、建筑技术价值与艺术价值等进行了全面调查，对彝族传统民居的平面功能关系、建筑结构体系、建筑空间特点、建筑装饰与构造进行了整理，系统展示了凉山彝族民居的类型与空间分布特点、平面与空间形态、构造与营建技术、装饰与彩绘等内容。在此基础上，作者提出凉山彝族民居的价值和意义以及研究的重点不只在单体与个案上，还在于整个区域的历史建筑和文化的独特性、完整性、真实性和延续性。

（二）彝族传统村落的社会文化变迁研究

21世纪初以来，随着我国经济的高速发展和工业化、城镇化进程的加快，大量传统村落迅速消失，保留下来的传统村落则不得不应对社会文化变迁带来的诸多挑战。在此背景下，彝族传统村落研究从最初对村落物质形态与文化内涵的集中探讨逐渐转变为越来越多地聚焦于传统村落的社会文化变迁问题，形成了一系列以社会文化变迁背景、变迁内容、变迁动力与应对建议为主要内容，以个案研究为主要代表的成果。

张跃等（2009）追溯了20世纪80年代以来云南省楚雄州大姚县松子园村包括《梅葛》史诗传、彝剧、插花节、十八月历、民间信仰、民居建筑等在内的民族传统文化变迁历程。作者认为松子园村民族传统文化从原生、变异到重构过程中,在民族文化自觉形成的强大民族意识与各种外来力量的共同作用下,走出了一条自我民族传统文化的复苏之路。通过对松子园村的个案研究,作者得出了民族传统文化可以通过文化调适达到适应状态,获得"再生"的结论。李金发(2011)以云南塔冲彝族村为例分析了不同代际人群间的代沟对彝族村落文化的影响。作者认为"彝区和谐农村的建设,需要在彝族村落中重视和重塑传统权威,在新语境中对其进行认可和内涵置换,使其和现代社会发展相适应,使传统权威参与基层社会的建设和发展,促进民族文化的传承和创新,服务于当地人在发展中产生的经济和文化诉求"。并应该"让民族传统文化在民族村寨中保持其连续性,在新一代中继承和创新,在现代化、全球化语境中代代相传,增强传统与现代的文化整合,民族村寨才能顺利走上现代化的发展道路"。孙亮亮(2015)在对楚雄彝族自治州南华县岔河村地理文化环境调查的基础上,分析了岔河村"跳脚"的历史展演与现代展演,阐释了跳脚文化仪式所折射出的村落文化变迁及其直接动力源,指出村落文化变迁的主导权在于"国家"与"村落精英"。韩亮等(2016)基于电视和村落发展的日常生活视角,从传统村落与现代村落的对比、家庭关系的变化和社会交往空间的拓展三个方面,阐释了媒体对彝族村落公共空间演变的影响,认为"电视化"引导下的村落变革是一场由外而内、从物到人的变革,并指出电视一方面是村庄生活变革的主要力量,另一方面也在变革中融入村庄生活,成为村庄不可或缺的一部分。刘悦(2019)对云南省峨山彝族自治县亚尼坝村的社会生活图景进行了考察,探究了影响村落形态变迁的自然力和社会力因素,分析了生活习俗、交往习惯、农业生产关系等因素对彝族杂姓聚居的亚尼坝村村落形态变迁产生的影响,从历史价值、生态人文价值、建构技术价值三个方面讨论了对亚尼坝村村落空间保护、更新、活化的方法策略。高登荣(2002)对云南省禄劝县坎村在20世纪所经历的经济社会文化变迁进行了考察,认为只有将少数民族社会文化的变迁放在中国社会变迁的背景下考察,才能理解其深刻性。他提出由国家实施的计划变迁是少数民族社会变迁的主要形式,而充分考虑地方传统,关注变迁主体的态度，调动变迁主体自觉参与变迁过程，是国家的计划变迁取得成功的关键。在另一篇文章中，高登荣（2008）从年度周期、日常活动与人生历程的安排，以及村庄和居民的空间安排等方面讨论了坎村彝族时空制度的变迁，认为在彝族的时空制度中，传统与现代是并存的，因此对传统时空制度的改造并不能简单地以现代因素替代传统因素，而是应该在移入现代因素的同时给予传统因素充分的关注，并且这样的改造最终应该是以彝族为主体的自觉行动。伊利贵等（2010）调查了云南省晋宁县打黑村的彝族传统文化建构过程，认为地方开发、重构，导致地方文化发生急剧变化这一普遍现象是在新的文化资源被开发、新的文化与权力关系建构过程中，各种参与者相互协作共同达成的结果，同时也是一个出于各自利益考虑而彼此抗争的过程。黄龙光等（2008）考察了云南省峨山县塔甸村经济社会的现代性变迁，梳理了当地彝族在外来经济文化的冲击下，积极探索传统和创新相结合的道路，在融入全球一体化和民族国家经济生产和消费体系以及获得现代性的同时，努力保持自己的地方性、传统性和民族性的实践过程。嘉日姆几（2012）通过对云南小凉山彝族村落布局原型及其演变，村落空间生成的动力机制的研究，认为杜赞奇"权力的文化网络"概念因失去对地理环境、人的生物本能、社会分层等因素的关注而很难解释国家、村落和权力彼此塑造的历史关系，揭示了彝族村落文化空间的生成是国家政权建设、地理环境、生物本能、社会分层等因素综合作用的结果。苏斐然（2015）对云南省楚雄州彝族村落的权威结构及其变迁趋势进行了考察，指出城镇化及其所带来的社会文化急剧转型，使得彝族村落的权威结构出现了深刻变化，形成了原生型村落权威、次生型权威、外生型权威长期多元并存的格局。

（三）彝族传统村落的保护与发展问题研究

2003年以来，我国持续加大对传统村落的保护力度，先后公布了七批211个"中国历史文化名镇名村"，五批6819个"中国传统村落"，三批1652个"中国少数民族特色村寨"。伴随国家传统村落保护工作的兴起，以彝族传统村落保护与发展相关问题为主题的研究迅速成为一个持续至今的学术热点。现有相关研究涵盖传统村落的保护价值与意义、保护与发展的关系、保护与发展面临的问题与机遇、保护原则与发展规律、保护的内容、保护与发展目标、保护与发展的思路与方法、保护与发展中的村民参与问题、保护与发展经验等内容。

童正容等（2005）以四川省乐山市峨边彝族自治县西河村为例，在实地考察基础上总结了民族村落所面对的困境与机遇，分析了这些村落生存和发展的环境制约因素和传统优势，认为在全球化的压力下处于传统社区与现代社区之外的"第三社区"这一理想形态是西部民族社区应该遵循的发展方向。杨国才（2011）对云南楚雄方山诸葛营村的地震灾后重建与旅游开发进行了实证调查，梳理了诸葛营村从地震前生活居住环境的"脏、泥、乱、差"到重建后新农村建设与乡村民族文化生态旅游实现良好结合的过程，认为诸葛营村把挖掘诸葛文化与彝族文化，吸收彝族"土掌房"建筑风格，推进乡村民俗旅游作为发展的重点路径是值得推广的成功做法。万义（2011）以云南省弥勒县可邑村彝族"阿细跳月"为个案，探讨了村落社会结构变迁发展中作为非物质文化遗产的传统体育的保护问题。在分析村落传统体育由传统走向现代过程的演进规律、影响因素及其保护思路与途径的基础上，他提出把传统体育保护纳入村落发展的生态空间中是解决经济基础薄弱、政府管理不规范、社会组织不健全、文化建设滞后等瓶颈问题的根本之道。车震宇（2009）以云南省石林县五棵树新村为例，讨论了地方特色在旅游型民族村落规划中的应用和体现问题。他认为在民族村落的发展建设中，只有融入地方特色，体现地方自然环境特色和人文环境特色，才能令其保留原真性，具备吸引力。杨大禹（2011）分别从形、色、质、魂四个方面，对云南省泸西县城子搬迁新村的规划进行了分析，讨论了在特定环境下新村建设与古村落保护相协调的问题，指出在规划新建过程中应当有针对性地让古村落所承载的精神能够在新村规划与新民居设计中得以延续，从而实现对历史文化名村和建筑历史遗产的有效保护与传承。陆刚（2019）对贵州省西部环韭菜坪地区彝族特色村寨建设做了调查，提出了多条渠道筹款，多种模式建设；深挖传统文化，丰富文化样式；树立文化自信，促进文化自觉等对策建议。苏文韬（2019）以云南楚雄彝族村落文化为例，讨论了乡村振兴背景下彝族村落文化的保护发展问题。他认为保护和开发彝族村落文化有利于提振民族文化自信，促进民族团结，具有深远的社会历史意义；主张经济文化、建筑文化、习俗文化和传统教育是保护开发彝族村落文化的四个主要内容。李金发（2011）对社会转型背景下云南省红河州慕善彝村的旅游经济与村寨文化整合问题进行了实证研究，认为旅游经济对村落社会文化的重组和整合具有促进作用，在民族村寨的社会文化发展中，传统和现代整合、经济发展和文化传承并重、保护和开发并行，是一种行之有效的手段。李燕妮（2013）以云南省红河州可邑彝族村寨为例，分析了民族村寨旅游发展中节庆活动的变化，节庆旅游对文化保护、社区参与、民族认同、文化创新的影响。认为旅游开发中的节庆活动是连接村民"传统"与"现代"的桥梁，旅游发展不断赋予节庆活动新的意义，给予节庆活动新的生命力，推动了节庆活动的新发展。崔璨（2017）通过对云南省昆明市彝族古村落乐居村的调查，探讨了民族村寨旅游发展中村民的参与问题，提出了加大古村落保护以及修复力度，充分挖掘民族文化价值；保护村民的参与热情；加强旅游知识技能培训，提高村民文化素质等建议。王俊（2013）考察了黔西北地区彝族村寨传统文化传承与保护模式，认为传统文化的传承和发展是在利益驱动的基础上，以政府、专家和民间文化精英为主导，群众参与为基础不断激发文化自觉，促进文化复苏的过程。戴旭斌等（2015）以入选第二批国家传统村落名录的四川省凉山州美姑县古拖村为个案，对其传统瓦板房聚落进行了测绘，从通道、边界、区域、中心节点和标志物五个元素对瓦板房聚落进行了解析，对瓦板房聚落的建筑艺术特色和景观意象特征做了归纳。作者认为保护现有村寨的景观格局和建筑艺术是村落保护的首要问题，应当抓住入选传统村落名录的机遇，延续和重构木构瓦板房聚落的景观意象特征，传承彝族传统文化习俗，探索出一条可持续发展的新途径。苏斐然（2017）在大量个案研究的基础上，总结出了云南彝族传统村落保护利用中常见的保护意识不强、旅游开发不当、申报积极性下降、村落日益空心化、保护资金渠道不畅等问题，提出了提高思想认识、遵循传统村落保护利用的正确原则、处理好旅游业发展与村落保护的关系、发挥法治的保障作用、多渠道筹措资金等对策建议。

（四）彝族传统村落的民族志研究

传统意义上的民族志作为一种源于人类学的研究方法，强调通过对特定社会文化的整体主义观照来展开跨文化研究。民族志研究对我们认识彝族传统村落及其社会文化具有不可替代的作用。现有彝族传统村落的民族志研究虽然数量较少，但学科特点鲜明，促进了相关研究的延续与变革。

高发元（2001）主编的《云南民族村寨调查：彝族——峨山双江镇高平村》对彝族高平彝族村的历史沿革、生态环境、人口、经济生活、社会结构、婚姻家庭、政治、习惯法、文化、教育、科技卫生、宗教等方面做了全面系统的调查与梳理，是云南彝族传统村落基本状况的一个缩影，对了解和研究云南彝族地区的社会生活和文化特征有重要的参考价值。魏明德（2008）的《从"羊圈"小村到地球村：凉山彝族的生活与传说》是其从20世纪90年代以来对四川省凉山州盐源县彝族传统村落羊圈村进行社会学和人类学方面田野考察的成果。该书在"参与观察"的基础上，从彝族人的生活与传说为中心，叙述了一个彝族羊圈村的移民与定居的历史、村落社会结构、物质生活、语言特点、民间故事与神话传说、宗教信仰、社会文化变迁等内容。高登荣（2009）所著的《云南彝族村落社会文化变迁研究：禄劝坎邓村考察》根据实地调查材料，从时空制度、经济生活、社会结构、宗教信仰等方面系统描述了坎邓村社会文化变迁的历程。该书将坎邓村的社会文化变迁概括为自然变迁、计划变迁和多元变迁三个阶段，分析了各个阶段的内容和特点，讨论了国家与乡村社会变迁、民族地区的发展模式、传统与现代等问题。唐钱华（2014）所著的《宗教民俗与生存实践：凉山彝族阿都村落的民族志研究》以四川省凉山州的彝族阿都村落作为田野调查对象，呈现了彝族的宗教信仰与日常生活、社会组织、人观与仪式生活等内容，并从宗教人类学与医学人类学的视角探究了彝族丧祭仪式、西奎博仪式的社会功能，疾病治疗中民俗治疗与现代医疗的调适共生现象，以及彝族民间宗教仪式的象征体系与认知模式等议题。王玲（2015）所著的《云南少数民族农村的社会文化变迁：对石林圭山大糯黑村彝族撒尼支系的调查与思考》通过对大糯黑村彝族撒尼支系的调查，分别从物质文化、社会文化、精神文化三个层面，研究了村落生态环境和撒尼人的饮食、服饰、建筑、传统农业与新兴产业等方面的历史与现状，分析了撒尼人的婚姻、家庭与亲属、生育健康、丧葬、节日、语言文字、交往、社会组织结构、习惯法与村规民约等方面的发展，探讨了撒尼人的宗教信仰、教育、文学艺术、闲暇生活、价值观念等方面的变迁。陆刚（2018）所著的《阿西里西的故乡：板底彝族古村落》详细介绍了板底村彝族古村落的自然环境、历史源流、民俗文化与文学艺术，完整展现了板底村彝族婚丧礼仪、节日庆典、服饰特点、传统信仰、民间歌舞与彝族古戏撮泰吉等文化事项。

二 对研究四季吉村的启示

回顾30年来彝族传统村落研究的发展历程，我们可以得出四个方面的认识。首先，在国家传统村落保护实践与传统村落研究发展的推动下，彝族传统村落研究经历了从20世纪末的零星研究到21世纪日益兴起的过程，研究主题与学科视野发生了从单一到多元的变化。其次，从研究区域来看，现有彝族传统村落研究基本涵盖了西南彝族地区，但研究成果的区域不平衡较为突出，云南彝族传统村落的研究成果较为丰富，贵州、四川两省的彝族传统村落研究成果较为薄弱。再次，研究成果方面，现有彝族传统村落研究以个案研究为主，宏观研究较少；以论文为主，著作较少；以对策研究为主，理论探讨较少。最后，现有彝族传统村落研究成果数量较多，总体水平偏低，高质量论著较少。相关研究滞后于彝族传统村落的保护实践，还不能在普及传统村落知识，唤醒民众文化自觉，促进保护工作发展等方面提供充足的学术支持。

大小凉山彝族人民称自己的栖息地为"林木"（ꆈꌦ，也可译作"尼木""尼姆"等）。汉译时选用"林木"二字，谐音之外的用意在于体现彝族传统生产生活与林木的紧密联系。传统上彝人在森林里放牧，在树林里安家扎寨，在木板屋里居住，用木柴烧火取暖、做饭，用木材制作生产生活用具，在被柴火温暖的火塘旁呱呱坠地，死后在熊熊燃烧的柴火中化作一缕青烟。因此，从这个意义上来讲，凉山彝家是名副其实的"林木彝家"（ꆈꌦ

于此)。如前文所述，现有研究对四川彝族传统村落的关注较少，对凉山彝族传统村落的探讨则更少，目前还没有一本比较系统地调查研究四季吉、古拖、龙沟三个凉山彝族仅有的国家级传统村落的著作。有鉴于此，本书在吸收前人研究成果的基础上，跨越学科界限，借助民族学、人类学、民俗学、民族艺术、建筑学等学科的理论与方法，对2012年获评"四川省最美乡村"，2013年入选"第二批国家级传统村落保护名录"的四川省凉山彝族自治州美姑县依果觉乡四季吉村进行调查研究，尝试以图文结合的方式从村落自然地理、历史沿革、空间布局、院落结构、传统建筑、家支构成、农牧生计、日常用具、人物故事、民间信仰、传统节日、人生礼仪、饮食习惯、传统服饰等方面全方位呈现村落整体面貌，系统解读彝族传统村落及其所承载的彝族社会文化，并基于四季吉村的案例剖析对少数民族传统村落的保护与发展问题进行讨论。

第一章
DIYIZHANG

大凉山深处的四季吉村

　　四川省凉山彝族自治州美姑县、雷波县与乐山市马边彝族自治县之间的大风顶因其是狭义上大、小凉山的分界线而远近闻名。20世纪70年代末以来，国家为保护大风顶的大熊猫、珙桐等珍稀濒危野生动植物及其自然生态环境，先后设立了马边大风顶国家级自然保护区和美姑大风顶国家级自然保护区。在大风顶自然保护区的东西边缘地带散落着许多彝族传统村落，美姑县依果觉乡四季吉村就是其中之一。四季吉为彝语音译，意为"苦楝树坡"。20世纪50年代，彝族人开始在大风顶西麓这片长满苦楝树的坡地上依山建寨，过起了"农牧结合"的生活，四季吉也因此逐渐变成了一座村庄的名字。作为凉山彝族传统村落的一个典型，四季吉村于2013年入选第二批中国传统村落名录。要认识四季吉，需要从了解其自然地理、历史人文、村落概况、生产生活等开始。

一 自然地理

将四季吉村的地理坐标、地形地貌等置于其所在区域的地理环境中来考察，可以获得既宏观又精准的认识。因此，在聚焦四季吉时，须同时对"大凉山系""黄茅埂""大风顶""美姑河"等山川进行观照。

（一）大凉山系

作为横断山脉的组成部分，"大凉山系"是指四川省大凉山区域所有山地的总称。大凉山系包括凉山彝族自治州甘洛、越西、美姑、喜德、昭觉、

小相岭上的海子

小相岭上的杜鹃花

布拖、普格等县的山地，冕宁、西昌、德昌三个县市的大部分，金阳、雷波两县与乐山市峨边彝族自治县、马边彝族自治县的小部分。这个区域的主流地貌是褶皱背斜山地，拥有海拔较高、起伏平缓的大片山原。

坐落在喜德、越西、冕宁之间的小相岭是大雪山向南延伸的余脉，最高海拔达4 791米，是大凉山系的最高峰。小相岭向东延伸后的一个重要分支即是坐落于美姑、马边、雷波之间由北向南蜿蜒的黄茅埂山脉，最高海拔4 042米，是大凉山的主脉。除了小相岭和黄茅埂，大凉山系还拥有马鞍山、螺髻山、狮子山等海拔4 000米以上的大山与红莫梁子（喜德西南部）、尔曲合普梁子（昭觉西部）、乌科梁子（布拖与普格之间）、大箐梁子（西昌东南部）、波洛梁子（金阳北部）等著名山原。

四季吉村所在的美姑县境山区属大凉山系中段，地形复杂多样，高山纵横，河谷深切，一系列南北走向的山脉构成全县地貌的基本轮廓。县境地势东北高西南低，群山连绵，海拔大多在2 000～3 000米，最大海拔落差达

林木彝家
四川省凉山彝族自治州美姑县依果觉乡四季吉村

小相岭海子群

小相岭云海

3 402米。全县的高山山原地貌集中分布于大风顶和黄茅埂,耕作用地主要分布在美姑河、瓦侯河等河流两岸至高山中部的缓坡地带。

(二)黄茅埂

黄茅埂,彝语称"井叶硕诺"(ꏂꐎꎿꆈ),据资料记载,黄茅埂这一汉语名称缘自其上生长的茂密的黄色茅草。广义的黄茅埂全长98千米,位于美姑县境东部边缘,山势由北向南延伸,北起大风顶,南至龙头山"硕诺阿举博"(ꎿꆈꀉꐚꁧ)。黄茅埂的构造形态为大背斜,大部分面积出露为峨眉山玄武岩,其余由侏罗纪、三叠纪暗紫红色泥岩、砂岩、灰岩等岩层组成。南北蜿蜒的黄茅埂上群峰矗立,拥有摸罗峨觉峰和都祖各峨峰两座海拔4 000米以上的高峰,以及兰普家家峰、觉都峰、石扎峰、摸洛峰、斯依阿莫峰、觉洛阿普峰、约合德峰、书祖采洛西峰、日门发核峰、硕诺木尺合峰等海拔3 500~4 000米的山峰。黄茅埂的东西两侧分布着大片原始森林。

拔地挺立的群峰之外,黄茅埂还拥有大片起伏平缓、视野开阔的山原地带。位于黄茅埂山脉中南段的黄茅埂山原就是一处典型的凉山山原,海

远眺龙头山

龙头山云海

拔在2 000~4 000米，东西宽约20千米，南北长约45千米，总面积近900平方千米，大部分在美姑境内，小部分延伸到雷波谷堆、谷堆林场及拉咪中。黄茅埂山原的最高峰硕诺木尺合，意为"硕诺养马养羊之地"，海拔达3 961.8米。黄茅埂山原草场与大风顶草场、毕古纳龙草场、阿米都尔草场几乎连成一片，总面积近670平方千米，在海拔较高处或低凹之地终年有雨水或雾气凝聚，形成了大量的溪流和山泉，水源充沛，是大凉山最大的天然牧场。

（三）大风顶

大风顶，彝语称"惹夫火吉"（ꃅꃴꃴꉷ），"惹夫"是一个彝族家支的名称，"火吉"意为"高山牧场"，"惹夫火吉"即指惹夫家支位于山势高大、气候寒冷之地的牧场。从地理上看，大风顶指的是黄茅埂北端凉山彝族自治州美姑县、雷波县与乐山市马边彝族自治县的一片狭长状高山原。大风顶东西宽约20千米，南北长约30千米，地理坐标为东经103°07′~103°19′，北纬28°29′~28°47′。大风顶的主峰摸罗峨觉（彝语含义为"阻兵平顶山"）海拔4 042米，是美姑县的最高点。站在摸罗峨觉

大风顶上的杉树林

大风顶上的羊群

顶上，大凉山、贡嘎山与峨眉山尽收眼底。大风顶范围的高山还有觉罗豁峰、竹鲁马吉峰、罗姑波峰、鸡公山等。

大风顶气候寒冷、湿润、多雨、多雾。年平均降水量1 100毫米左右，年平均气温9.6℃。作为中国珍稀动植物的"天然避难所"之一，大风顶的物种成分古老而且丰富多样，呈现出明显的南北过渡性。仅美姑县所属区域内就有大约20万亩以常绿阔叶林为主的原始森林，主要树种包括珙桐、连香树、冷杉、云杉、红豆杉、银杏、高山栎、核桃、漆树、水青、桦木等，主要竹类植物有华桔竹、玉山竹、方竹、大箭竹、冷箭竹等。此外，大风顶的草场资源丰富，是良好的天然牧场，同时盛产天麻、贝母、当归、牛膝等名贵药材。良好的生态和丰富的植物资源，给野生动物提供了充足的食料，栖息在这里的珍贵动物有大熊猫、牛羚、小熊猫、鬣羚、水鹿、黑熊、狼、狐、野猪、绿尾红雉、灰斑角雉、白鹇等。

（四）美姑河

美姑河，古名"卑水"，又称"凉山河"，不同河段又有洪溪、哈古依达等不同名称，属金沙江水系，为美姑县境最长河流，也是大凉山的著名

蜿蜒流淌的美姑河

河流之一。发源于美姑县西北部的阿米都尔山,向南流经依果觉、洒库、峨曲古、龙门、觉洛等乡,在巴普镇与特西河汇合后向西南流淌,经巴古、佐戈依达两乡,在牛牛坝乡与连渣洛河汇合后向南流经九口乡至洛俄依甘乡与源自昭觉县的竹核河一起汇入溜筒河。河流全长142.5千米,流域面积1 696平方千米,总落差2 020米,上游多为U形河谷,下游为V形河谷,河面宽10~12米,年平均流量为每秒35.44立方米,平均径流深659毫米。较大支流有连渣洛河、特西河、洛觉河,上游支流包括了流经依果觉乡四季吉村的莫伙依达河。

(五) 四季吉

在成为一座村庄前的四季吉是指一片长满苦楝树的斜坡,它位于美姑县东北部,东接乐山市马边县,西邻依德阿莫村,南面达博署牧场,北连大风顶自然保护区,距依果觉乡政府所在地7.4千米,距美姑县县城35千米。四季吉村的海拔大约在2 870~3 000米,地理坐标为东经103°11′~103°12′,北纬28°36′~28°37′,总面积约15平方千米。以四季吉村为中心由南面逆时针旋转一周所看到的山分别为莫伙依达博、莫杜博、尔阿莫博、勒补俄博、马布俄尔博、格则博。莫伙依达河自南向北流淌,将四季吉村分成东西两片区,并在依果觉乡政府所在地附近汇入美姑河。曾经覆盖四季吉村的苦楝树林现已难觅踪影,取而代之的是稀落的杨树与竹林,以及成片的低矮灌木丛,四周的高山区域则是原始森林与山原草场相间。四季吉村所在山区属低纬度高原性气候。常年雨量充沛,日照充足,雨热同季,干湿分明。气候年差较小,日差较大,天气变幻急剧,有冬无夏,春秋连季,年平均气温11.4℃,平均降雨814.6毫米,日照1 790.7个小时,无霜期240天。

林木彝家
四川省凉山彝族自治州美姑县依果觉乡四季吉村

美姑河边的美姑县城

第一章 | 大凉山深处的四季吉村

林木彝家

四川省凉山彝族自治州美姑县依果觉乡四季吉村

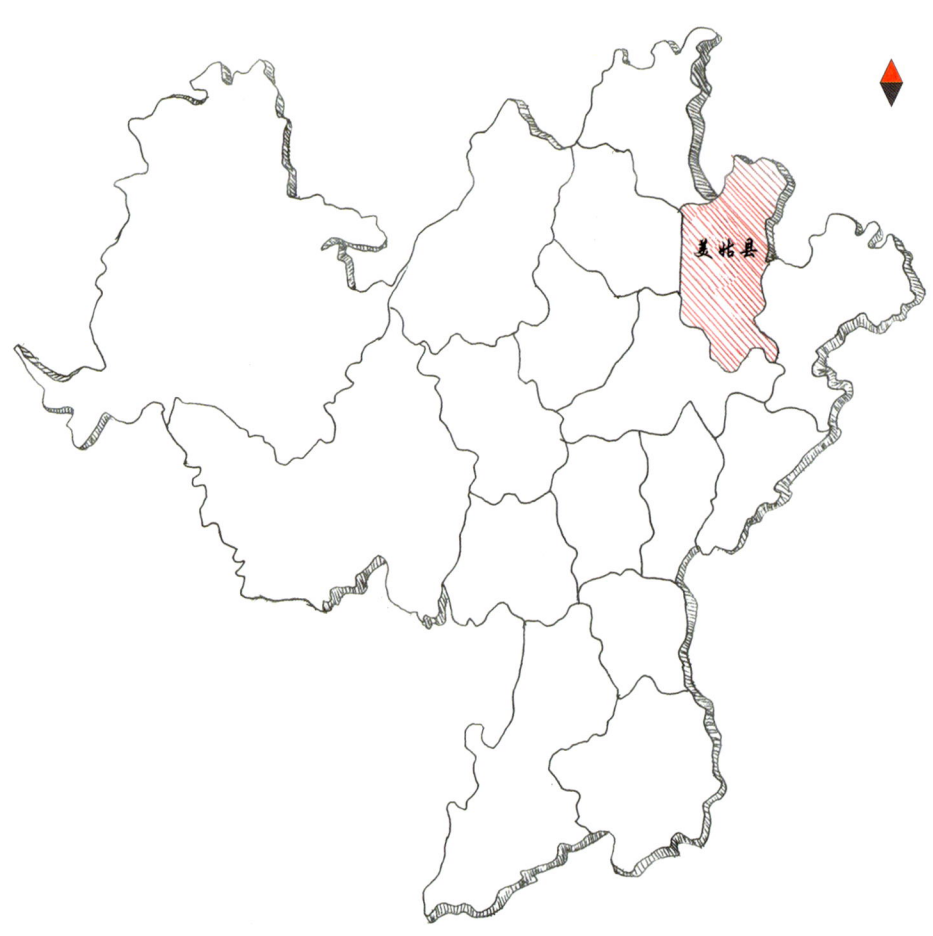

美姑县在凉山彝族自治州的位置示意图

第一章 | 大凉山深处的四季吉村

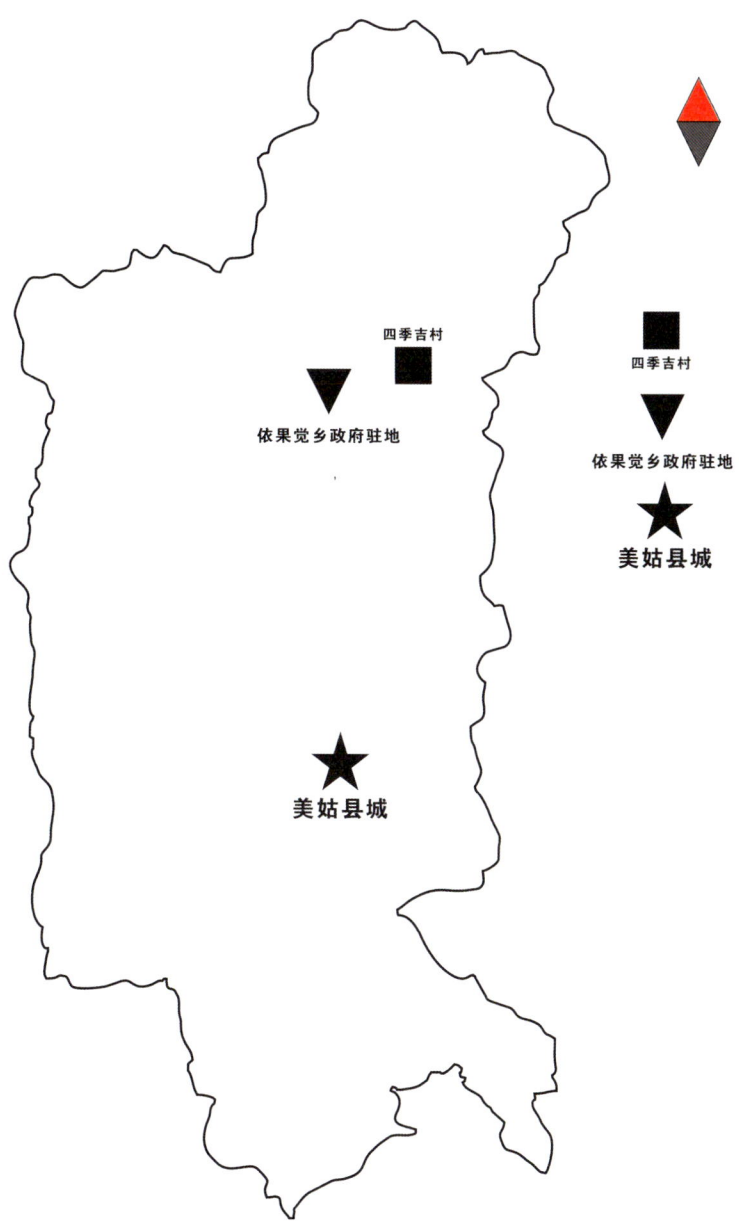

四季吉村在美姑县的位置示意图

二 历史人文

（一）历史沿革

据传，历史上四季吉村所在的区域先由土司"兹莫"（ꌅꂿ）管辖。清朝乾隆、嘉庆时期土司势力衰微退出，取而代之的"诺伙"（ꆈꉙ）家支开始长期管辖这一区域，一直延续到中华人民共和国成立。20世纪50年代，有几户人家在现今四季吉村南部的半山腰定居建寨。此后，随着人口的自然增长与迁居家庭的增多，莫伙依达河沿岸坡地修建的房屋越来越多。到20世纪90年代，四季吉村基本形成了现在的村落格局。

行政隶属：1956年5月成立凉山彝族自治州洪溪县，县治所依果觉。四季吉村1956年10月隶属于洪溪县依果觉区阿尼木乡，1957年8月隶属于洪溪县城关镇阿尼木乡，1958年10月隶属于洪溪县一区（瓦西）依果觉乡。1959年6月，洪溪县并入美姑县，县治所巴普。四季吉村1959年12月隶属于美姑县洪溪区依果觉乡，1973年8月隶属于美姑县洪溪区阿尼木公社，1981年7月隶属于美姑县洪溪区阿尼木公社管委会，1984年7月隶属于美姑县洪溪区阿尼木乡，现隶属于美姑县依果觉乡。

（二）人口与家支

四季吉村共有7个村民小组，145户、613人，其中人口3~7人的家庭占全村总户数的85%。全村常住人口均为彝族，全为本村户口，无外来人员。

四季吉村雪景（一）

四季吉村雪景（二）

四季吉村中年男子　　　　四季吉村老年妇女

四季吉村村民分别属于木坡、恩扎、吉克、阿则、说惹、甲斯、贾古、达惹、阿坡、阿苦、杰尼、勒勒、吉黑、沙马、莫色、额其、阿得、吉面、黑比、曲木等家支，其中木坡、恩扎为诺伙家支，其余为"曲伙"（〇〇）家支。各家支中，吉克、木坡、阿则、甲斯等家支人口较多，现任村三职干部中村支部书记来自吉克家，村主任来自木坡家，村文书来自阿则家。

（三）义诺土语区

凉山彝族属彝语北部方言区，内部又分为圣乍、义诺、所地、田坝四个土语区。四季吉村所在的美姑县属于义诺土语区，此外雷波、峨边、马边，以及甘洛、越西、昭觉、金阳的部分地区也属于义诺土语区。与凉山彝族其他土语区相比，义诺地区除语言外，在服饰、节日、婚俗等方面也具有鲜明的特征。服饰方面：义诺地区属于大裤脚地区，男子传统下装为大摆的大裤脚，一般用10～13米青或蓝布做成。义诺服饰保留了"披毡、着贯头衣、右衽、着拖尾裙、挽髻、裹青帕"的风格，同时具有色彩独特、纹式丰富、饰品多样的特点。美姑彝族服饰是义诺服饰的典型代表，可分为柳洪、牛牛

正在缝制衣服的妇女　　　　　　　　怀抱小孩的妇女

坝、瓦侯三种类型，四季吉村的服饰属于瓦侯型。节日方面：义诺地区最大的特点是不过其他彝区都过的火把节，而是在火把节的同一时间段过剪羊毛节。婚俗方面：彝族女子出嫁时，其他地区只能由男性送亲，而义诺地区的送亲队伍里既有男性也有女性。

四季吉村老年妇女的日常穿着

三 村落概况

（一）村落选址

凉山彝族的传统观念认为理想的居住环境应当是这样的：屋后有山能放牧，屋前有田能耕种，田上有坝能赛马，坝前沼泽能牧猪。这样的村落选址准则体现了彝族人顺应自然，依山建寨，农牧结合的生产生活特点。四季吉村的选址基本符合以上准则，村落四周环山，负阴抱阳，靠山而居。四周的高山大片的山原草场和树高林密的森林，山原上、森林中都适宜放牧。村落所在的斜坡土地广阔，适宜耕作，耕地之间分布有大量零散的草地方便村民就近放牧。莫伙依达河穿村而过，河水两边分布的沼泽地，是牧猪的最佳场所。村落的建筑和耕地均在海拔2 800米以上，高海拔的特点使村落以群

远眺四季吉村

四季吉村的坡耕地

山为屏障,远离城镇,远离其他村落,格外宁静。海拔与气候的限制使牧业在村落生产中的地位异常重要,村落的耕地则以种植马铃薯、荞麦、燕麦为主,不能种植水稻和彝区常见的玉米。

(二)村落格局

四季吉村的总体格局具有聚散结合,形式多样,依山就势,顺应地形,层次丰富的特点。全村共有7个村民小组,各小组依山就势,分布于莫伙依达河的东西两侧。以莫伙依达河作为参照,1组坐落在河水西侧山岭的坡地与小山包上,在河谷的东侧从西北到东南的坡地上呈带状分布着其余6个小组,依次形成7组、2组、3组、4组和5、6组5个相对集中的聚落点,各聚落点之间隔着东西走向的小山沟。在莫伙依达河西侧的河谷平地上分布着一些"彝家新寨"砖瓦房和传统木板屋,与3、4组隔河相望。四季吉村的村委会和村小也坐落在莫伙依达河两侧,村委会在东侧,村小在西侧。在村委会旁边还建有一座大风顶自然保护区检查站。在建的新村委会位于5、6组后面的坡地上，两个集中安置点的在建楼房则分别位于3、4组和5、6组。

（三）交通方面

各小组之间由土路相连，既有几条可以行车的宽路，也有许多羊肠小道。在村小东面建有一座跨河铁桥，成为村民往来于莫伙依达河东西两侧的主要通道。四季吉村连接外界主要依靠沿着莫伙依达河谷到达5千米外的依德阿莫村，再到依果觉乡政府所在地的一条山路。这条山路原来很窄，只能容人和牲畜通过，不能行车。2011年，沿着这条山路建成了可以行车的土路，2019年从依果觉乡政府到四季吉村村委会的土路升级成水泥硬化路。其余路段包括从村委会向东上坡一直延伸到3.5千米外大风顶自然保护区的行车道路至今依然是土路。四季吉村的耕地分布在各村民小组聚落点的四周，耕地之间和周围是可以放牧的草场，环抱村落的高山上则分布着广阔的天然牧场。

四季吉村一角

第一章 | 大凉山深处的四季吉村

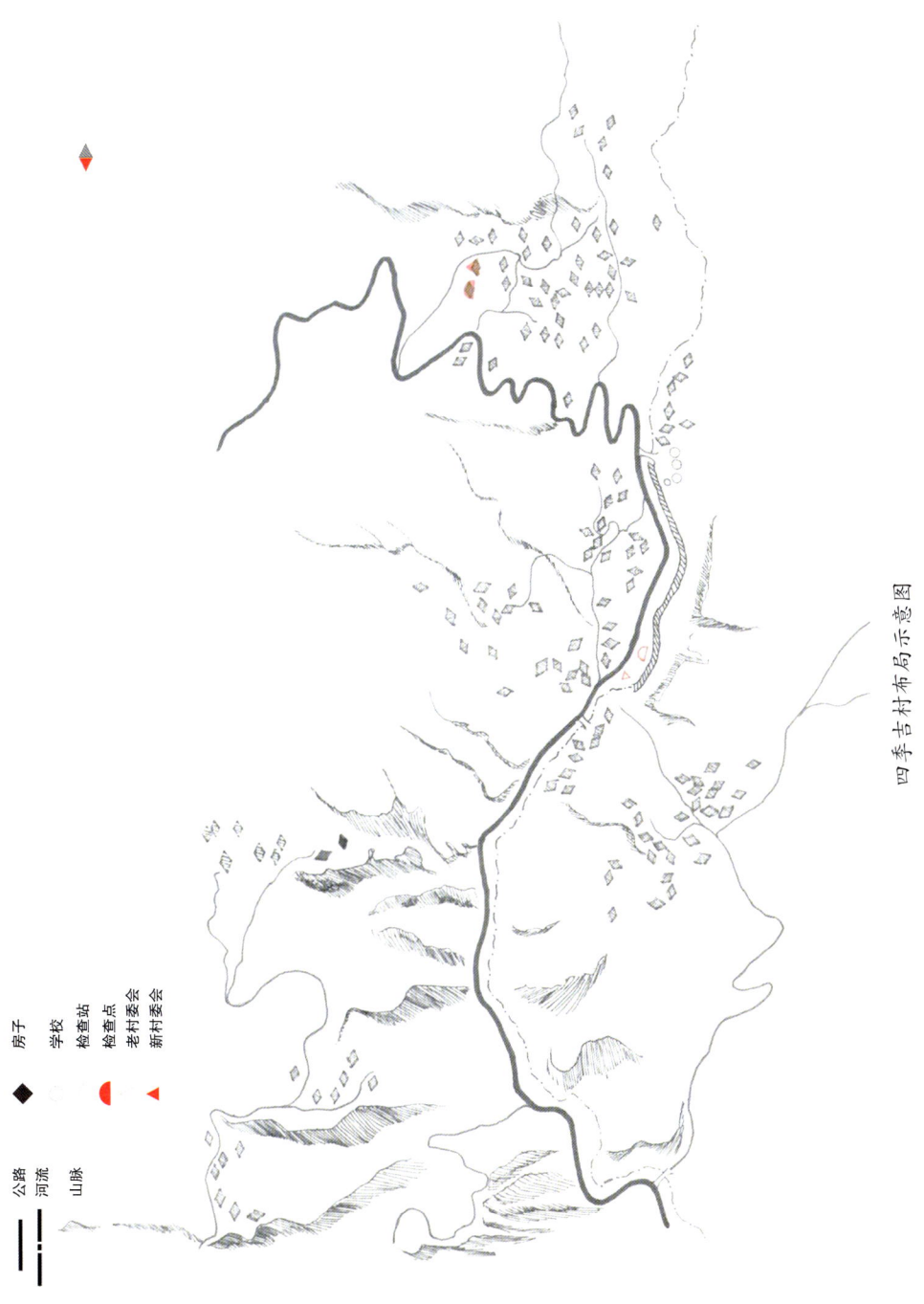

四季吉村布局示意图

公路　房子
河流　学校
山脉　检查站
　　　检查点
◆　　老村委会
○　　新村委会

（四）建筑类型

四季吉村现有建筑类型有木板屋、砖瓦房、砖混楼房、砖木结合房、钢混木构结合房、石木结合房6种。数量上，木板屋最多，砖瓦房居次，砖混楼房和砖木结合房较少，钢混木构结合房、石木结合房分别只有1栋。

木板屋一角

木板屋，彝语称"皮耶"（ꄮꒉ），是20世纪80年代以前大凉山腹地彝族村落中最常见的传统民居形式之一。木板屋的主要特点是用土坯作墙，用木板作瓦覆盖屋顶前后的两个斜面，用与房屋山墙平行的联排木柱支撑屋顶。2011年以前，四季吉村的民居都是清一色的木板屋，其中经济成本高、面积大、用木料多、装修精美的木板屋被称为"耶莫"（ꒉꅇ），是木板屋中的翘楚，也是主人家的财富象征。全村现有78个木板屋，其中包括8个耶莫。

木板屋建筑群

四季吉村现存耶莫统计表

序号	房主姓名	村民小组	建成时间	修建成本（万元）	木材种类	工匠姓名与住址
1	阿则丁机	6组	1996年	2	杉木	阿西拉坡 美姑县觉洛乡
2	阿则尔祖	6组	1997年	2.5	杉木	阿西拉坡 美姑县觉洛乡
3	木坡格夫	4组	1998年	2.5	杉木	阿合者衣 越西县普雄镇
4	甲斯说莫	4组	2000年	3	杉木 杨树	阿合者衣 越西县普雄镇
5	甲斯拉洛	4组	2002年	3	杉木 杨树	吉克XX美姑县峨曲古乡
6	吉牛作史（女）	1组	2003年	1.7	杨树	曲比且惹 美姑县瓦西乡
7	说惹拉古	1组	2006年	2	杉木 杨树	舍特铁坡 美姑县依果觉乡
8	曲木拉曲	3组	2006年	3	杉木 杨树	吉则曲者 美姑县龙门乡

备注
1.房屋修建成本主要包括材料费与木工费，相关费用开支没有详细记录，此处所列金额为调查时房屋主人的估算金额。
2.甲斯拉洛只记得其家所请木匠的家支名称和家庭住址，记不清姓名了，因此写成"吉克XX"。
3.部分耶莫的修建都是靠木匠师徒或木匠团队协作完成，非一人之功，比如阿则丁机家与阿则尔祖家的耶莫就是由阿西家支的木匠团队集体修建，这里只记录首要木匠的姓名。

钢混木构结合房,四季吉村村小教学办公楼是全村唯一钢混木构结合房。在这栋建筑中,建造者充分考虑了自然环境与气候因素,做到了彝族传统建筑特色与现代建筑中的简约、多功能、节能等特征相结合。建筑全部采用钢筋混凝土结构,设置采光天窗,混凝土封顶,室外建有门厅和前廊,均为木质结构。

四季吉村村小教学办公楼

石木结合房,四季吉村村小宿舍楼是全村唯一石木结合房。宿舍楼下半部分的墙体为石头墙,上半部分与门厅、前廊为木构建筑,屋顶加盖木板。与彝族传统建筑相比,设计者精简了木制构件的数量,通过贯穿使横向木制构件起到了大梁的作用,加大外挑斗栱增长了挑檐。宿舍楼的内部:所有居住空间都是和四季吉村传统民居一样的沿边窄小隔间,中间保留火塘及四周的位置作为公共空间。为了适于居住及其他不同功能,宿舍楼增高了传统结构中的夹层,并对彝族"入"形屋顶进行了转化。

四季吉村村小宿舍楼

其余三种建筑类型分别为砖瓦房、砖混楼房和砖木结合房。四季吉村的砖瓦房都是白墙蓝瓦，用砖块砌墙，用蓝色采光瓦盖顶，建成后将墙体粉刷成白色，屋内再用两排与房屋山墙平行的砖墙将房屋隔成三个区域，整个建筑除屋顶和屋檐下的外挑斗栱外基本不用木材，堂屋内也大多不设火塘。2011年建成通车土路后，房屋建材的运输变得容易，四季吉村个别人家开始修建白墙蓝瓦的砖瓦房。据村主任木坡格夫介绍，2014年以前四季吉村修建了4个砖瓦房，其中1组有2个，2组和3组各有1个。2014年建设"彝家新寨"时，全村又新建了22个砖瓦房。现在全村的砖瓦房越来越多，数量已经与木板屋不相上下。砖混楼房用钢筋混凝土和砖块修建，四季吉村现有砖混楼房10余栋，都为两层，集中分布在村里的两个精准扶贫安置点。砖木结合房具有新老建筑形式结合的特点，即房屋的外墙采用砖块砌成，墙体粉刷成白色，用蓝色采光瓦盖顶，同时房屋内是与木板屋一致的木质结构。四季吉村

四季吉村"插花"式建筑

的砖木结合房都修建于2011年以后，其中1组的阿苦体日、甲斯衣生与3组的木坡古一家的房屋较为典型。

（五）院落结构

四季吉村的传统民居院落之间一般都留有较大的空间，每一个院落房前屋后的土地除留有人畜通行的道路外，大多为菜园和庄稼地。为防止猪、牛、羊、马等牲畜破坏，菜园和庄稼地一般都用竹篱笆或木栅栏围起来。院落以一字形正房为中心，正房大多为东、西、南、西南、东南等朝向，只有个别为东北朝向，没有北、西北朝向的。正房为独立建筑，两侧没有耳房，房前留有泥土院坝。现在人畜同居已经成为历史，牲畜与家禽的圈舍单独建在正房旁边，与正房一起对院坝形成合围态势。院落空间较为开放，大多数没有围墙，而是以柴火堆、竹篱笆、木栅栏等作为围护并建有简单的木门，院

四季吉村木板屋院落航拍图（一）

四季吉村木板屋院落航拍图（二）

落四周一般栽种杨树、竹子、经济林木等植物。现在建筑类型多样化以后，出现了较多对传统院落既有创新又有保留的新式院落。新式院落一般都在正房两侧建有耳房，有明确的空间功能区分，院坝为水泥地面，用砖墙将院落围成封闭的空间，用精致的铁门作院落的大门。和传统院落一样，新式院落的周围也栽种有各类林木，并建有竹篱笆、木栅栏围成的菜园与庄稼地。

四 农牧生产

与近年来村落建筑类型的多样化相比，四季吉村村民传统生产方式与生计模式的变化相对缓慢得多。目前，第一产业依然是四季吉村的支柱产业，村民的生计主要依靠种植业和畜牧业，对天麻、贝母、当归、牛膝、虫草等野生药材以及蕨菜、蘑菇等野生植物食材的采集处于次要地位。

劳作中的母子

（一）种植业

四季吉村主要种植马铃薯、苦荞麦、燕麦和圆根，水果类和坚果类林木基本绝迹。全村土地开阔，每个家庭都拥有较多耕地，比如村主任木坡格夫家就有135亩耕地。由于海拔高、气候寒冷，土地肥力不足，大部分耕地都是轮耕地，同一块土地不能年年种庄

在云雾中放牧

稼，且每种作物一年只种一季。农作物的播种和收获时间一般比周边低海拔地区晚一点。每年3月前后开始翻土备种，犁地牲畜以牛为主，土质较硬的用牛，土质松软的可以用马。每年3月后开始播种马铃薯和燕麦，4、5月种苦荞麦，8、9月播种圆根，7、8月收马铃薯，8月收苦荞麦，9月收燕麦，11月开始收圆根。

1. 马铃薯

马铃薯没有彝语专名，直接借用汉语的"洋芋"（ꀨꐧ）这一称谓，属茄科一年生草本植物。在大凉山彝族地区，马铃薯是种植区域最广的农作物，也是高山彝族村落的主食之一，被形象地称作"凉山馒头"。由于四季吉村不能种植玉米，因此马铃薯的种植面积比低海拔村落大，家家户户都种马铃薯。马铃薯收获后要存放在屋内，避免日晒雨淋后变绿不能食用。马铃薯既可以人食也可以喂牲畜与家禽。村民们食用马铃薯主要有三种做法：一是用净水煮熟后捞出剥皮食用；二是削皮切块后与别的食材一起煮汤喝，较常见的是马铃薯鸡汤；三是放入火塘的柴火中烧熟后去皮食用。

马铃薯开花

2. 苦荞麦

苦荞麦，彝语称"格"（ꈬ），属于蓼科一年生草本植物。苦荞麦对寒冷气候和贫瘠土壤有极强的耐受性，是大凉山彝区最古老的作物之一，也是像四季吉村这样海拔2 000米以上的彝族村落的主要作物之一。作为我国种植苦荞麦历史最长的民族之一，彝族人认为"五谷荞为大"，把苦荞麦放在所有作物中的首要位置，并已经将它融入自身社会文化的方方面面。四季吉村长期普遍种植苦荞麦。苦荞麦收割后需要堆放晾晒一段时间才可以脱粒，脱粒地点既可以在地里，也可以在家里。收获以后既可以酿成酒饮用，也可以做成苦荞粑粑、苦荞饼、苦荞糊等食用。彝族家庭的宗教仪式、人生礼仪、招待客人等重要场合与日常生活都离不开苦荞麦。

七月的荞麦地

3. 燕麦

燕麦，彝语称"居"（ꐭ），属禾本科一年生草本植物。凉山彝族种植燕麦的历史也较长，高寒、干燥的山区村落都有种植燕麦的传统。由于产量低、食用方式单一等原因，燕麦在四季吉村的种植规模无法和马铃薯、苦荞麦相比，也没有成为彝族家庭的主食，但却深受彝族人民的喜爱。燕麦颗粒

燕麦地

木板屋内的燕麦秆

圆根架（一）

圆根架（二）

可以酿酒饮用，也可以炒熟后磨成粉食用。燕麦粉的食用方法一般是加冷水搅匀，稀的直接喝，稠的捏成团食用，如果加入一点蜂蜜，味道会更加可口。人们上山放牧、采集或去地里劳作时，随身携带一点燕麦粉就可以轻松满足果腹之需。

4. 圆根

圆根，彝语称"乌"（ꇙ），属十字花科二年生草本植物。圆根的块根肉质，形状分球形、扁圆形、圆锥形等，块根下的直根上长有须根。块根的皮有白色、紫色、粉红等，直根、须根和肉均呈白色，叶肉细嫩，甜脆多汁。圆根具有喜寒的特性，适宜海拔1 800米以上的高寒山区，种植时间与其他作物的种植时间错开。圆根收获后放在家里容易腐烂，一般都要成串拴好后挂起来风干。对高寒山区彝族村落而言，圆根是唯一一种大面积种植的菜蔬，也是人畜食用最多的菜蔬。四季吉村村民习惯把圆根的肥大肉质块根和马铃薯一起煮食，或者将之去皮后直接生食。每一个家庭也都会借助代代相传的传统技艺把圆根叶子腌制成可以长时间保存的干酸菜，用它煮汤喝。

（二）畜牧业

四季吉村土地辽阔，每家每户的耕地都较多，但受海拔、地力、耕作技术等限制，收成微薄，畜牧业是村民家庭收入的主要来源。

1. 牛、羊、马

四季吉村的牲畜中，绵羊最多，牛（黄牛、牦牛）居次，马较少。牛、羊、马一般于4月份天气回暖以后赶到大风顶天然牧场去放养，可以自家照看也可以请人代劳或几家人轮流看护，10月天气变冷后赶回家，其余时间圈养或在村子周围放养。四季吉村的牛、羊、马一个月喂一次盐，平时在家喂，赶到牧场后，就到牧场喂，以前大风顶牧场建有小木屋，用于存放木槽等用具和临时住宿。

大风顶上的牦牛群

雪地里的羊群

四川省凉山彝族自治州美姑县依果觉乡四季吉村

大风顶上的马群

2. 猪

除了放牧牛、羊、马,四季吉村的村民还要牧猪。凉山彝族牧猪的历史悠久,据说彝族人为了发展牧猪业,成功地驯养出了世界上最早的牧猪犬。牧猪在凉山彝族的经济生活中所具有的重要意义使得"坝前沼泽能牧猪"成了彝族传统村落的重要选址标准之一。现在,牧猪依然是凉山彝区普遍存在的一个现象,在彝族村落中随处可见三五成群的猪。和别的高山彝族村落一样,四季吉村的猪以黑色为主,基本看不到白色的猪。房屋附近的沼泽地是猪群理想的觅食处。

在沼泽地上牧猪

3. 耕牧相依

四季吉村的土地主要包括草地、林地、耕地及村庄建设用地，草地和林地主要分布于村域的边缘。不少草场与耕地交错地分布，牧群赶往大风顶牧场前的放牧活动往往在耕地间进行，所有的轮耕地休耕期间都是放牧的场所，使得农牧业之间呈现出明显的耕牧相依的特征。村民们主要靠牛来犁地翻土，据说过去土质松软的土地也可以用马来犁，现在已经很少见。牲畜的粪便是耕地里必不可少的天然肥料。

4. 牲畜饮食

土地里的收获供人食以外还都可以用于喂养牲畜：马铃薯主要喂猪和鸡；圆根既可以喂猪，也可以喂牛羊；苦荞麦粉可以为产仔后的母牛补充营养；燕麦粉主要喂养过年猪，促其长膘；苦荞麦秆和燕麦秆则可以充当牛、羊、马的草料。

休耕地上放牧羊群

四川省凉山彝族自治州美姑县依果觉乡四季吉村

五 传统服饰

ᏕНН⊖

彝族的服饰随地域的不同而各具特色、异彩纷呈、种类繁多。据不完全统计，彝族的服饰品种多达300多种，各种配饰和花纹图案有上千种。凉山彝族服饰可分为：义诺土语区服饰、所地土语区服饰和圣乍土语区服饰。四季吉村属于义诺土语区，传统服饰不仅有性别、年龄、盛装、常装的区别，还有婚服、丧服、成人服、毕摩服、武士服等专用服。其中，头饰有成

义诺男子服饰

义诺女子服饰

年男性的立角帕"哦帖"(ꐈꑌ)、妇女的荷叶帽"哦尔"(ꀑꈈ)、姑娘的折叠帽"帕子哦斗"(ꁰꊿꀑꄖ);衣服有男女都可穿的短袖"列呷惹"(ꆹꇤꌬ)、女性的长角衣"伯哦琪底"(ꁈꀑꈪꄉ);裤子有男性的大裤脚"莫以拉"(ꂾꑴꆿ)、女性的百褶裙"介博"(ꐚꁈ);鞋子有麻鞋"牧吉西"(ꃅꐚꏃ);外套有披毡"石都"(ꏢꄖ)、绣线披毡"史乌阿博"(ꏃꀒꀈꁈ)、平角披风"帕波西底"(ꁰꁈꏃꄉ)、羊皮袄"哟支硕莫"(ꑿꍜꎭꂾ)。毕摩服有神笠"毕摩鲁布"(ꁱꂾꇖꁧ)、黑色披风"帕波阿诺"(ꁰꁈꀈꆈ)。武士服有铠甲"力士西布"(ꆹꋌꏃꁧ)、英雄带"鲁伙都它"(ꇖꉻꄖꄓ)。人生礼仪中的服饰主要有新生婴儿服"阿依克吉"(ꀈꑳꈌꐚ)、女孩童裙"莎拉"(ꎭꆿ)、婚服"喜威西呷"(ꑭꃤꏃꇤ)和丧服"斯木久卡"(ꌦꃅꐚꈌ)。

六 传统饮食

受传统生计模式的影响,四季吉村村民依然完整地保持着传统饮食结构与饮食习惯,民族特征比较突出,其中以苦荞粑粑、坨坨肉、辣子鸡、圆根酸菜、酸水豆腐最具特色。

（一）苦荞粑粑

苦荞粑粑的彝语称谓因制作方式不同而有别,火烧的叫"格夫"、煎烙的叫"格瓦"、汤煮的叫"格久"。其中,"格久"在美姑县彝族村寨的日常饮食中最常见。四季吉村属于高海拔地区,历来普遍种植适宜该地区气候和土质特点的苦荞麦,苦荞粉可以制成苦荞粑粑、荞米饭、疙瘩饭、荞糊等多种食物,保质期较长。在四季吉村,苦荞粑粑是日常生活,以及节日庆典、婚丧礼仪、接待宾客时的主要食物,也是祭祖仪式的重要供品。

苦荞粑粑

（二）坨坨肉

彝语称"舍觉"（ꏂꐎ），顾名思义坨坨肉即是切成拳头大小的肉坨坨，是凉山彝区最有特色的肉食样式。在四季吉村，欢度彝历新年、举行宗教仪式、接待重要宾客、举办人生礼仪等时，坨坨肉都是必不可少的主打食物。猪肉、羊肉、牛肉、鸡肉都可以制成坨坨肉，其中以出生两个月以上、体重30～50斤的小乳猪的肉做成的坨坨肉味道最鲜美。坨坨肉的做法比较简单，将畜禽打杀后，连骨带肉砍切成坨坨，用冷水煮熟，捞起后撒上适量盐巴、辣椒粉、木姜子等，来回颠簸和匀，即可手抓食用。

坨坨鸡肉

坨坨羊肉

（三）辣子鸡

彝语称"瓦迪则衣"（ꊂꄃꋗꒉ），将4～7个月的高山土鸡的仔鸡，经火烧去毛、取脏、清洗等程序后，用火烧至八九成熟后切成块。随后，将鸡块放入碓窝，同适量的木姜子、大蒜、花椒、辣椒等佐料舂成浆状，倒入盆中加适量清水和食盐即可食用。另一种做法是把仔鸡烧至八九成熟后，用刀切碎，与适量大蒜、木姜子、花椒、辣椒、食盐等佐料拌匀，加入适量清水即成。

辣子鸡

（四）圆根酸菜

彝语称"乌吉"（  ），在秋冬季节收获圆根后，四季吉村的村民们便借助腌制、干燥等方法，把其制成可以长期贮存的酸菜，一年四季均可食用。圆根酸菜制作方法：将圆根叶子煮熟后，连汤一起装入陶瓮中密封发酵，数日后捞出晾晒风干即成。在凉山彝区，圆根酸菜汤是最受欢迎的汤菜，将适量圆根酸菜放入冷水中或者坨坨肉汤、洋芋汤、四季豆汤中煮沸，加点盐巴，就成了可口美味。

圆根酸菜

（五）酸水豆腐

彝语称"杜拿巴"（ ），是义诺彝族人最喜爱的饮食之一。分点圆根萝卜酸水、点石膏水、点李子汁等几种，其中以点圆根萝卜酸水最为常见。制作过程：先用凉水将黄豆泡涨，再磨成豆浆入锅，加热到40℃左右，用纱布滤去豆渣，再燃小火煮沸腾，然后点圆根萝卜酸水将其凝固成豆腐，最后加入适量冷水煮开即可食用。食用时，一般都会配上一碗用大蒜、辣椒、木姜子和盐做成的辣椒蘸水。

酸水豆腐

七　传统用具

ꀨꊒꃴꌠ

在适应自然环境的长期过程中，四季吉村的村民们学会了就地取材，精心制作出了各种用具。这些用具既是村民们生产生活中不可缺少的工具，也是村落传统文化的重要载体。近年来，四季吉村陆续通车、通电、通水，给村民们的生产生活带来了便利，也给木器、竹器、石器、铁器等传统生产生活用具的使用带来了很大改变，一些传统用具被取代甚至被遗弃，而大多数的传统用具则沿用至今。

木桶

（一）木器

四季吉村的村民们使用的木器包括木水桶、木锅盖、木盆、木柜、木凳、木梯、木犁、木臼、木槽、木背架、木制餐具等。现在全村接通自来水后，人们已经不再用木水桶背水，而是将其作为储物工具，不少人家还将其用作母鸡孵蛋的窝。木臼已被遗弃，木犁和木背架已很少使用。其余木器则在人们的生产生活中随处可见，依然发挥着其原有的用途。

给羊喂盐用的木槽

木制漆器餐具

（二）竹器

房前屋后栽种的竹林和高山野生竹子是四季吉村村民制作竹器的原料。村民生产生活中常用的竹器有簸箕、筛子、背篼、扫帚、竹笆、竹筐等，至今这些用具依然被普遍使用。

簸箕　　　　　　　　　装羊毛的小竹筐

背篓

（三）石器

主要有石磨、石槽、锅庄石、柱础石、碓窝等。四季吉村通电以前，家家户户都有石磨，在莫伙依达河上还建有不少水磨。石磨直径约35厘米，厚约10厘米；水磨直径60厘米左右，厚20厘米左右。现在，莫伙依达河里的水磨都已经被拆除，村落里随处可见被遗弃的石磨。石槽、锅庄石、石臼等则依然是村民们不可缺少的生活用具。

碓窝

锅庄石

石猪槽

（四）铁器

四季吉村村民传统生产生活中使用的铁器很少却很关键，主要有铁锅、锄头、铧口、刀具等。与其他传统用具不同的是，随着经济条件的改善，村民们使用的传统铁器数量有了增加，而且很多家庭还添置了不少新的铁制用具。

锄头

木犁上的铁铧口

第二章

DIERZHANG

四季吉村的耶莫建筑

一 凉山彝族的耶莫

作为凉山彝族传统民居的木板屋主要有两种建筑规格，一种比较简陋，夯土墙加盖木板瓦；另一种木板屋（彝语称为"耶莫"，含有宏伟的大房子之意）则非常讲究，虽然外观也是夯土墙加盖木板瓦，但主体结构是木质斗栱的穿斗式构架，内部全部用木材装饰成小房间、阁楼等，其上雕有各种日常用品与动物、植物图案，整体建筑不用一颗钉子。曾昭抡所著的《大凉山夷区考察记》在"昭觉途中"一章详细记录了一所比较考究的耶莫的情况。

像别的凉山倮夷村一般，三湾河的房子，也是散布得很开。其中一所，和别的房子隔得比较远。那是全村最考究的一幢房子，也是我们在整个夷区中所看见的最考究的一所……这幢庞大的住宅，全部用一道土墙围住。大门上建有一座碉楼，另外墙角还有一碉堡。附属的小房子，还有几幢。正屋一大幢，外观非常考究。虽非画栋，却是雕梁。骤看外面几乎像一座喇嘛庙一般。屋檐下面，雕花木条向四面伸出。据说这种细巧的工，纯粹是夷人当中的工匠所做。他们居然有此艺术，倒也不易。

在凉山彝族传统社会，作为高规格民居建筑的耶莫对于彝族人来说是家庭地位、权势与财富的重要象征。"民国县城建筑多为土墙板瓦房。农村多为土墙瓦板房，木料穿枓、排架，多柱落地；少数富裕人家的房屋建筑较考究，特别是斗拱式建筑的木工活很细致、考究，木板都是一刀劈成，且木质纹路无损，盖时以多节压盖，上压石块，以防风压邪；穷苦人家或缺乏木材的地方则用燕麦秆、箭竹或茅草加盖泥土作屋面，个别用石板盖房。"这是1999年版的《昭觉县志》中对中华人民共和国成立以前昭觉彝族建筑结构的一段表述。昭觉境内有一个地方叫"央摩租"（今央摩租乡），这个由彝语音译而来的地名，本意为"坐落耶莫之地"。1985年内部出版的《昭觉县地名录》上就记载："央摩租，彝语意为大房子，公社因驻地名。"据已有94岁高龄的该乡马书博西村村民阿西有坡口述，百年以前，这个地方属于诺伙倮乌家支的领地，因建有倮乌家的耶莫而得名。后来，人们将彝语称谓"倮乌耶莫租地"按谐音简化为"央摩租"。

二 民居建筑中的阴阳观

　　家、房屋，在彝语里都叫"壱"（ᎻↃ）。彝文"ᎻↃ"的造字结构体现了彝族的阴阳哲学思想，将"ᎻↃ"拆分为"H"和"Ↄ"就是两个独体意指的彝文字。其中造型阳凸的"H"（帕）意为"父"，表示父亲、雄性、男人，造型阴凹的"Ↄ"（嫫）意为"母"，表示母亲、雌性、女人。"H"和"Ↄ"结合为"ᎻↃ"，就是"家"的意思。此外，木板屋的盖板"匹"（᙭）有公板"匹卜"（᙭ᛚ）和母板"匹嫫"（᙭Ↄ）之分。这正是阴阳结合理念在彝族家屋文化中的生动体现。阴阳观念具体表现为：天为阳，地为阴；男性为阳，女性为阴；奇数为阳，偶数为阴；白色为阳，黑色为阴。彝族有谚语："上方白天空为父，下方黑土地为母。"（ᛯᕽᛁᚻᛁᛯ，ᕽᛁᛁᏆᏊↃ。）就蕴含了天与地、父与母、白与黑对立统一的阴阳观。

　　彝族人坚信，世间万事万物都是阴阳和谐、平衡、结合而繁衍发展的结果。龙倮贵先生在《试析彝族阴阳观》一文中指出，在彝族传统文化中，把宇宙万物划分为阴和阳，或公和母，或雌和雄等两大类，并贯穿于整个彝族社会传统文化，从而构成了彝族历代先民关于宇宙万物的存在、发生、发展为一体的"对立统一"的原始阴阳辩证观。这种辩证观认为：阴阳二气为万物形成的条件，公母是万物之本，雌雄二性合一是万物之源。由此，以公母、雌雄和阴阳五行来纪年月日时和预测人生吉凶祸福的彝族天文历法，就具体反映在生儿育女、恋爱婚姻、出门行事、死亡归宗及建房盖屋等日常生活中。

三 选择耶莫屋基

ꀉꒉꅩꉐꎭ

建造一座耶莫,破土动工之前一个重要的环节是选屋基。凉山彝族对屋基的地势要求为"依山傍水林木间,坐落阳坡宽视野"。为保证居住的安全性,一般都选址在寨内或紧靠寨子适宜于建房的平坦空地上,尽量选择坡度小的平缓山坡,也可以选择土质好的凹形或凸形山坡。

修建一个耶莫,至少要用两块地来做房屋地基的选址。对准备选取的地基通常采用占卜的方法,以求吉利。彝族传统选址占卜主要有两种:一是看鸡蛋"瓦其和"(ꋏꐰꉬ)。拿两个鸡蛋分别放到两块屋基备选地上翻滚

木坡格夫家的耶莫所处地势

一番后分别做好标记，再将它们煮熟后剥壳来看，哪块备选地上的鸡蛋好就用哪块地作地基。剥开蛋壳后，若看到蛋白上有圆形、平坦或稍微凹凸的地形痕迹就是比较好的，若有象征地基的痕迹在蛋白头部就更好，若看到蛋白痕迹处有小洞口或污点就意味着不好，若看到蛋白上没有任何痕迹也不好。二是铸铧口"力口其"（ꉙꈌꀉ）。把废弃铧口或可用来熔铸铧口的铁器分别放到两块屋基备选地上一段时间后，将它们分别拿去熔炼锻造新铧口，如果熔铸铧口成形且完好，便是吉兆，如果熔铸出来的铧口不成形或有裂痕断残，便是凶兆，必须另外选址。

（四）为耶莫算日子

耶莫建造过程中每一个重要的环节都需要算日子。修建耶莫的年、月、日都需要综合考量"天时、地利、人和"来选定。首先，年份要看修建耶莫的家庭女主人的"席德"（ꑟꅐ），然后要看彝历来选择黄道吉日。在南方山地区域，春耕秋收农忙时节和冬雪夏雨冷凉时节都不宜建房，特别是冬季和夏季受风霜雪雨的恶劣气候影响，不宜夯土盖房。所以，耶莫的修建时间一般选择在每年春夏之交的4、5月份或秋冬之交的9、10月份。

席德，汉语可直译为"至位""所到方位"，意即命里运气和天赋所到达的方位，是主宰着一个人的生平运势和生命能量的命运之神，也是人生仪礼、建房迁居、疾病诊断、出门行事等必看的重要依据。在彝族的算命"枯瑟"（ꈬꌠ）传统里，一个人有两个席德，一个是年龄方位"枯体席德"（ꈬꄲꑟꅐ），即按个人年龄每一岁所至的方位，可称之为"岁位"。每个人随年岁的增长一年有一个方位。传统上，彝族人的年龄按虚岁来算，即出生时就算一岁。比如，一个2020年（鼠年）29岁（属猴）的人，其岁位就在南方；另一个是生辰方位"阿嫫育塔"（ꀉꃅꑳꄉ），即小孩出生当年母亲的岁位，可称之为"命位"。每个人都只有一个固定的命位，比如母亲22岁那年生下的孩子，其命位就在东南方。彝族对东、南、西、北、东南、西南、西北、东北八个方位都有自己独特的认识与命名方式，东、西、南、北四个基本方位根据太阳运行和水流走向来命名，日出方"布杜"（ꀱꄄ）即东方，日落方"布基"（𖼖）即西方，水头方"宜俄"（𖽑𖽑）即北方，水尾方"宜木"（𖽑𖾖）即南方；东南、西北、西南、东北四个方位则根据动物神灵所在的方向位置来命名，龙灵方"鲁迪霍"（𖾖𖼊𖽡）即东南方，狗灵方"克迪霍"（𖽡𖼊𖽡）即西北方，羊神方"悦瑟果"（𖽡𖽑𖽡）即西南方，牛神方"尼瑟果"（𖽡𖽑𖽡）即东北方。

修建耶莫人家需要看的女主人的席德是岁位，女主人的岁位在东南方、西北方的年份，能够压住邪神恶灵，可以修建耶莫；而岁位在东方、西方、北方、南方、西南方和东北方的年份压不住邪神恶灵，不能修建耶莫。

岁位就以人的年龄逐一对应八个方位来轮流推算，彝族民间算法口诀为："女生一岁至北方，一年一方往内转；男生一岁至南方，一年一方往外转。"（𖼊𖽁𖼖𖽡𖽑𖾖𖽁，𖽁𖼊𖽁𖾖𖽁𖾖𖽑；𖼊𖽑𖼖𖽡𖽑𖾖𖽁，𖽁𖼊𖽁𖾖𖽁𖾖𖽑。）具体的推算方法是，每个人都从一岁开始算起，一个年龄要到一个方位。例如：女生一岁北方、两岁西北方、三岁西方、四岁西南方、五岁南方、六岁东南方、七岁东方、八岁东北方、九岁北方，沿着八个方位向内周而复始地移动。女性一岁至位北方，按逆时针（内）方向轮转，每一轮的起点和终点都会在北方；男性一岁至位南方，按顺时针（外）方向轮转，每一轮的起点和终点都会在南方。以一岁为基数，加上八个方位为第一轮。接着，前一轮作为被加数与八相加成为后一轮，依次递推。由此，一轮为九，二轮为十七，三轮为二十五，四轮为三十三，五轮为四十一，六轮为四十九，七轮为五十七，八轮为六十五，九轮为七十三，十轮为八十一……

正如彝族古籍《物始纪略》所记载："二十八星宿，一天复一天，跟随着皓月，普照大地上。天下凡间人，结婚推测它，造屋推算它，样样图吉利；作斋推测它，样样图顺利。"一个耶莫从选基动土、门口定向、装梁盖板、火塘设位以及举家入住的过程，都主要根据二十八星宿来择吉日进行。在彝族民间的认识里，天上的每一个星宿都分别主宰着世间万事万物的命运，特别是人们日常生活的方方面面都跟星宿神明有关。由此，从生老病死到衣食住行，从婚姻家庭到生产生活，都需要看日子行事，听天命尽事。

二十八宿是我国古人对黄道圈恒星的一种划分方法,其划分依据是月亮二十八天绕黄道一圈,日行一宿。彝族先民在漫长的天文观测和历法研究中,发现月光明亮之夜,通过肉眼可看到靠近月亮的星群中,有一组串联起来就像豹子肢解后的某个部位及其影子。连续有七夜都能看到跟豹子有关的星图,即豹角、豹眼、豹口、豹腰、豹心、豹尾和豹影,随后二十一夜的月畔星图也由或抽象或具象的不同物体的形状命名之。这种以星相占术来算日子吉凶、看风水运势和定节庆礼俗的古老历法中,东方七宿连线起来恰似一只豹,故名"日基尼瑟"(ꃅꏂꑊꌺ),意即豹星历法。当然,彝语和汉语对二十八宿中每一个星宿的命名与用法都不同,每个星宿的彝语名及彝语名汉语音译、彝语名汉语意译和汉语名对照如下表。

木板屋上的星空

二十八星宿彝、汉名称对照表

序号	彝语名	汉语音译	汉语意译	汉语名
1		日霍	豹角	角宿
2		日狃	豹眼	亢宿
3		日克	豹口	氐宿
4		日具	豹腰	房宿
5		日海	豹心	心宿
6		日木	豹尾	尾宿
7		日杜萨巴	豹影之空	箕宿
8		博卜	星胃	斗宿
9		勿呷	牛行	牛宿
10		瑟布	灵父	女宿
11		瑟嫫	灵母	虚宿
12		瑟惹	灵子	危宿
13		木依	马房	室宿
14		乐克	月狗	壁宿
15		塔木	光尾	奎宿
16		塔波	光球	娄宿
17		尔居	牧天	胃宿
18		基哦	鹦头	昴宿
19		基咯	鹦手	毕宿
20		基具	鹦腰	觜宿
21		基木	鹦尾	参宿
22		乌诺	雪豆	井宿
23		乌黑	雪纹	鬼宿
24		乌斯都	雪树骨	柳宿
25		乌斯玛	雪树果	星宿
26		乌杜尼史	雪融之夜	张宿
27		者粗	折子	翼宿
28		者伯	折叠	轸宿

豹星历法的算法是：结合以鼠、牛、虎、兔、龙、蛇、马、羊、猴、鸡、狗、猪为顺序的十二生肖纪日，依次将十二生肖轮流对应每个星宿推算到二十八日，然后看哪一日对应哪一个星宿。具体来说，就是从某个生肖对应某个星宿依次推算到十二日后，再回到开头那个生肖接着对应第十三个星宿，顺着推算至对应第二十八个星宿的那日。比如：鼠日为"豹角"、牛日为"豹眼"、虎日为"豹口"、兔日为"豹腰"、龙日为"豹心"、蛇日为"豹尾"、马日为"豹影之空"、羊日为"星胃"、猴日为"牛行"、鸡日为"灵父"、狗日为"灵母"、猪日为"灵子"、鼠日为"马房"、牛日为"月狗"、虎日为"光尾"、兔日为"光球"……

"塔波吉祥日，天光耀耶莫。"（ꁍꉙꑞꆏ，ꑝꃅꋠꑞꑞ。）彝族民间的这句谚语道出了修建耶莫的最佳日子是有光"塔尼"（ꑎꑞ）之日，即光尾日和光球日。而测算到有豹"日尼"（ꇁꑞ）和有鹦"基尼"（ꐎꑞ）的日子，就绝对不可修建耶莫。因为豹子是管牛羊等牲畜的，关乎财产；鹦鹉是管火的，关乎灾难（火灾）。在其他十五个星宿中，星胃、牛行、马房、月狗以及有雪"乌尼"（ꀒꑞ）的日子都不太好，不宜修建耶莫；牧天、折子、折叠以及有灵"瑟尼"（ꉌꑞ）的日子相对比较好，虽然这几个星宿主要关乎人们的捕猎牧情、粮食产况和衣锦生活，但也与耶莫建造关系密切。

五 耶莫建造工序

耶莫建造工序讲究，形态构成精细，平面严谨对称，内外主次分明，艺术手法独特。飞檐斗栱、垫石压板、雕柱画枋和火塘设位等形成彝族特有的土墙木板架结构的建筑风格。

土墙木板架结构的耶莫

耶莫建造的基本工序是先夯实土墙,再安装木架,最后盖板子。具体流程为:定门口"兀柯普"(𛰀𛰁𛰂)—夯土墙"杂普狄"(𛰃𛰄𛰅)—安柱子"若博叠"(𛰆𛰇𛰈)—装栋梁"依瑟泽"(𛰉𛰊𛰋)—放斜梁"依尔递"(𛰌𛰍𛰎)—置檩子"斯节斗"(𛰏𛰐𛰑)—盖板子"匹依图"(𛰒𛰓𛰔)—设火塘"甘库度"(𛰕𛰖𛰗)—雕饰"布乙"(𛰘𛰙)。

六 耶莫建成仪式

耶莫封顶盖完那天还需要进行以下几个特别的仪式：

一是将一头角尖又长又锐的公牛拉进屋里，在分界堂屋与仓屋的一个柱子上拴一会儿，表示斗去比较强势且邪恶的房屋神灵。

二是两个男人手拿马桑和杜鹃合成的树枝，从火塘边交叉后，一人走向里屋方，一人走向仓屋方，两人都边走边往树枝上喷酒水，且有节奏地念咒

德古木坡古一（右一）为课题组讲述耶莫建筑文化传统

语:"呸啵吹!地之恶神扫出去,地之恶灵扫出去,地猪嗷嗷叫的扫出去,地牛吼声粗的扫出去,屋内染晦气的扫出去,锅庄沾污血的扫出去。呸啵吹!……"(ꑳꇮꉬ!ꀕꇤꑴꋦꃅꈎ,ꀕꉬꑴꋦꃅꈎ,ꀕꀉꊿꌊꀕꋦꃅꈎ,ꄉꀊꆈꈐꋦꃅꈎ,ꊿꄩꅑꀕꋦꃅꈎ,ꃬꆂꀉꃅꋦꃅꈎ。ꑳꇮꉬ!……)

三是乡亲邻里纷纷带着面粉、面条和白米等白色食物作礼品前来看耶莫,将这些礼品都放于里屋神龛位置临时搭建的木柜上后,主人家则会煮一锅热腾腾的燕麦疙瘩汤"居吹"(ꐎꉬ)来招待大家。

七 耶莫门口朝向

格夫家的房门

门锁

彝语称门口为"兀柯"。耶莫的门主要有三种：正房门、内屋门（里屋和仓屋之门）和卧室门。其中，正房门"依口"的定位朝向，对于房屋的建造至关重要，不仅要考虑气候、日照和环境，还包含族群历史文化与根骨血脉传统方面的意义。

一般住在西边的人家，房子就坐西朝东，门口要朝向东面东南方；住在东边的人家，房子就坐东朝西，门口要朝向西面西南方；而一般没有人家的房门会朝向北方以及西北方和东北方。山里彝家的房门一般会开门见山，但不宜对着山垭口，而尽量对着山顶或山脉凸起的部分。因为门口对着东方或西方，日出时的朝霞或日落时的夕阳会直接通过山垭口（山脊上呈马鞍状的下凹处）照射进门口，这样就不太好。

"古侯往左迁，曲涅往右迁。"（ⱫⱰⱲⱭⱲⱵ，ⱸⱭⱲⱭⱲⱵ。）这是彝文创世史诗《勒俄特依》里"合侯赛变"一章的结尾。传说，洪水漫天之后彝人再生始祖阿普笃慕选择落脚的理想家园"兹兹普屋"（ⱦⱲⱲⱩⱲⱵ），发生过一场战争，那是部落聚结与分化的浴血之战。在部族首领古侯、曲涅的带领下，彝人六祖分支后的诺苏支系高

房门绘图

举祖先灵牌，高举求生的欲望和尊严，于波峰浪谷之间寻找一线生机，只身跳进金沙江，紧紧抓住一株神圣的依依草，成功拯救肉体，拯救灵魂。上岸之后，一路向北，到达洛俄依甘（今美姑大桥）时，古侯部落往左方迁徙、曲涅部落往右方迁徙，从而踏上了向着大小凉山深处生根发芽、生生不息的文明之旅。后来，凉山彝人在修建房屋时，房门的位置和朝向也因血脉传统不同而异，以正对屋前来定方向，古侯后代的房门设在屋前左侧，曲涅后代的房门设在屋前右侧。

四季吉村木坡格夫家为古侯后裔，其坐东朝西的耶莫房门就设在西面左侧，门口则朝向西南方。而耶莫共有17个门口，包括1个房门、1个里屋门、1个仓屋门、1个杂物间门（衣柜侧门）和13个卧室门。其中，房门由门垫"兀底"（ⱲⱭ）、门槛"莫图"（ⱮⱲ）、门盖"瓦哈"（ⱲⱫ）、门网"瓦呷"（ⱲⱭ）、门锁"柱克"（ⱮⱫ）、门柱子"瓦哈博土"（ⱲⱫⱲⱵ）和门护板"瓦哈博洛"（ⱲⱫⱲⱲ）构成。

八　耶莫基本构件

耶莫以土、木、石为主要建筑材料，来砌墙盖屋构成空间，以木构架结构为主要的结构方式，由柱子、梁子、檩子、板子、枋子和构架连接件等基本构件建造而成。各构件之间以穿枋、斗拱和榫相接，形成完整而富有弹性的稳固框架。格夫家耶莫的木材都是杉木，除了柱子是圆木，梁子、檩子、板子和枋子都是方木。其中立柱是由一棵树斫成大木头后劈砍成四段，再逐一加工成长而粗大的圆木，这样就更加坚实而不易开裂、变形，亦耐腐。垂

大风顶上的杉树

柱则是拿小木头劈分后加工而成的小块圆木。横梁是直接由一棵树加工而成的长方体粗大木头。斜梁是由一棵树斫成木头后锯分成几层木板，再逐一加工成厚的方木条板。檩子是将大块木头分成几段后再逐一加工成长方体细小木头。板子和枋子都是由大块木头锯分或劈分成几层薄点的方木条板，板子要短些，枋子则有短有长。

（一）柱子

柱子分立柱和垂柱两种。立柱"若博"（☉ᆇ）是耶莫建筑结构的核心构件，垂柱"牛惹"（☉ᄇ）则主要用于装饰性构件中。一个"耶莫"的建设面积以及结构规模的大小主要看有多少根立柱，有几层柱架穿枋。格夫家的耶莫按标准应该有48根立柱，其中顶梁柱"耶古若博"（ᆇ8☉ᆇ）4根、穿枋柱"罗杜若博"（Ⴔᐠ☉ᆇ）22根、护墙柱"杂克若博"（Ⴗᄇ☉ᆇ）18根、屋檐柱"依日若博"（ᐁᄮ☉ᆇ）4根。这些立柱在彝语中都有两个字的简称，即顶梁柱叫作"古惹"（8ᄇ）、穿枋柱叫作"乌惹"（ᐁᄇ）、护墙柱叫作"东惹"（ᄮᄇ）、屋檐柱叫作"日惹"（ᄮᄇ）。但在实际建筑中节

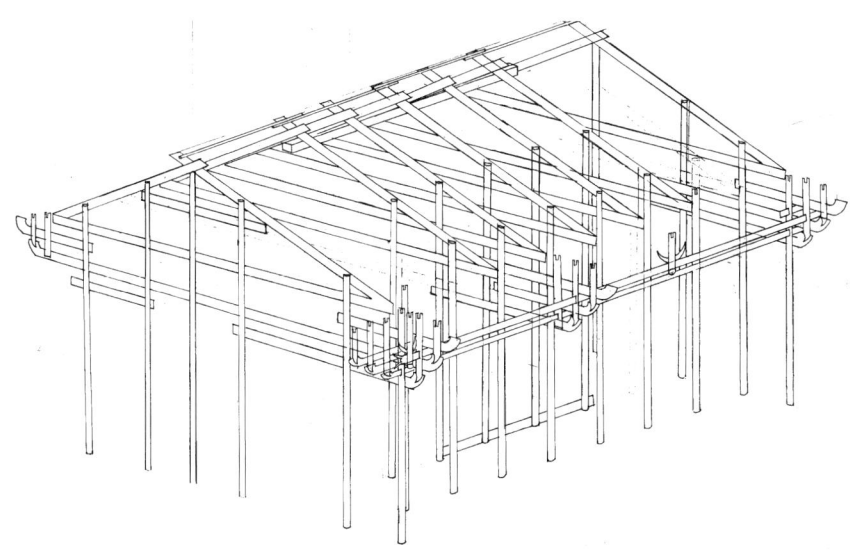

立柱、斜梁、横梁与脊檩组合绘图

省了6根立柱,即屋内山墙两面的4根穿枋柱和屋后两边的两根屋檐柱。而垂柱共有186根,其中屋内大厅靠近山墙两边每两根立柱之间有3根垂柱,一边18根;大厅靠近屋前屋后两边每两根穿枋柱与穿枋柱、穿枋柱与护墙柱之间有3根垂柱,一边21根;大厅两边穿在顶梁柱上的穿枋斗栱各3根垂柱,中间交接于横梁上的六攒穿枋斗栱各6根垂柱,横梁下有两个水牛角尖造型各1根垂柱,还有个火镰弯刀造型5根垂柱;屋前檐下中间朝前的七攒穿枋斗栱各3根垂柱,横向穿枋上的10根水牛角尖造型各1根垂柱,穿在屋檐柱上往左右两边的两攒穿枋斗栱各3根垂柱、朝前的两攒穿枋斗栱各两根垂柱;屋后檐下的九攒穿枋斗栱各两根垂柱。

(二)梁子

梁子有横梁和斜梁两种。横梁也叫栋梁,彝语称之为"依瑟"(𖼀𖼄),意为"屋神",是耶莫建筑中的重要构件,对待它还需进行一些礼节仪式。首先,找栋梁之材时要带酒敬树神,可做栋梁的树砍成时要倒向日出方;其次,将栋梁搬运回家时,要杀猪宰羊来招待;最后,装栋梁要择吉日爆玉米花来撒屋房,并放进几粒碎银后或宰牛宰羊献祭之。可以说,栋梁切合了一

横梁及其装饰造型

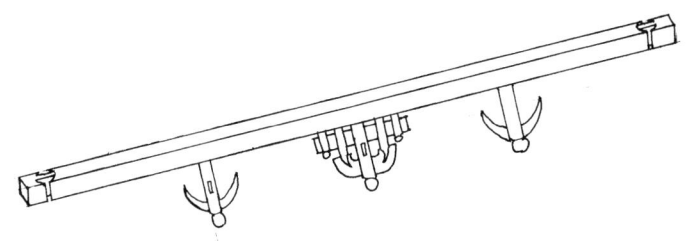

横梁及其装饰造型绘图

个信奉万物有灵的古老民族的品格：正直、实在和坚定不移。正是在这个意义上，它才成为彝人家屋的骨气与精神之象征。耶莫的栋梁一般由3根木头扣接而成，装在中间大厅上的那根较长，装在两侧小室上的两根较短。装在中间大厅上的那根木头的根部要放在里屋那侧，梢部要放在仓屋那侧。在实际建筑中可以根据情况对梁子进行省略，比如格夫家的耶莫只装了中间那根长条横梁，而斜梁"依尔"（ꃂꇖ）有7组，每组由两根斜梁在头部交叉而成。由于省略了两侧小室上两根较短的横梁，只将中间的5组斜梁隔开架在横梁上后由顶梁柱、穿枋柱和护墙柱从高到低依次顶着分别斜放于屋前屋后，放在两侧山墙内面的那两组斜梁则直接由顶梁柱顶着斜梁内交叉处。

（三）檩子

檩子是直接支撑盖板的木杆。耶莫的檩子"斯杰"（ꌋꐎ）分别有屋檐檩"依日杰"（ꃂꑍꐎ）、内墙檩"杂克杰"（ꊈꈌꐎ）、接板檩"匹克杰"（ꁈꈌꐎ）、扣板檩"屋依杰"（ꀑꃂꐎ）和屋脊檩"依布杰"（ꃂꁧꐎ），有的横排架跨在斜梁上，有的则由穿枋垂柱顶着。其中，屋脊檩彝语亦简称为"布杰"（ꁧꐎ），横放在7组斜梁外交叉处，既压着放于横梁上和用山墙面顶梁柱顶着的斜梁，又撑着屋后顶部那扇盖板；而内墙檩、接板檩和扣板檩都横向交接布置在7组斜梁上，屋檐檩则由屋檐柱，以及屋外所有穿着枋子的垂柱和朝前最上面那层勾头枋子的头部有序排列并合力顶着。格夫家耶莫的檩子共有20排，屋前屋后各置放10排，每排由4根檩子交接横置。屋前屋

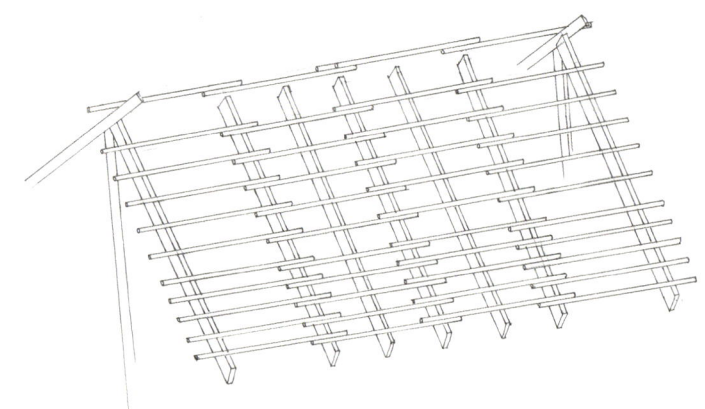

脊檩与屋前10排檩子绘图

后分别都有6排内墙檩、接板檩和扣板檩,屋前还有4排是屋檐檩,屋后还有3排屋檐檩和1排屋脊檩。

(四)板子

板子是铺设于檩子上覆盖房屋顶部的木板。耶莫的板子是杉木劈成的,每张大概长1.5米左右、宽33厘米左右。板子分为公板和母板,宽又平整的板子作母板盖内,且将两张母板排列放好后,接口上面再拿一张公板盖外。四季吉村的建屋木材大都已混用了杨树之类的,但板子都是杉木做的。找板子时,不是随便找一棵树就砍来用,而是先在树根上斫一块小木头来试劈。若这块小木头顺着纹路劈开比较顺,且木质比较好,再将这棵树砍来用。板子劈开后,再用木头架个火塘用大火烤干,并熏成浅黑色,这样板子才不易被撕裂、腐蚀。

杉木做成的盖板

九 耶莫结构形式

ꀈꈌꐚꌺ

我国传统建筑木构架体系一般分为穿斗式和抬梁式两大类。根据耶莫独具空间感的营造及建筑特征，其结构形式主要为穿斗式，也有穿斗、抬梁和拱架结合的形式。

（一）穿斗式构架

穿斗式构架主要是顺着房屋的进深方向立下一排柱子，各柱子利用穿枋穿透柱身的方式贯穿起来，从而形成榀构架。穿枋有勾头枋子和平头枋子之分，是在柱子之间起连接和稳定作用的水平方向或者与梁子垂直方向的穿插构件。耶莫的穿斗方式有两种：一种是穿枋柱架"枋杰斯匹"（ꀈꐚꌺꀉ），一种是穿枋斗栱"枋杰哦叨"（ꀈꐚꆈꀉ）。

（二）穿枋柱架

穿枋柱架是木板屋的主要框架，采用穿榫结构，斗构成房。其施工时需要在地面上将整榀框架穿插连接好后，再整片柱架扶立。耶莫的大小、高度就由穿枋柱架的穿枋层数来定，且只以3以上的奇数来定层。目前，凉山彝区比较高大的耶莫也就13层。格夫家的是7层，一榀穿枋柱架由7根立柱、18根垂柱和7层平头枋子纵横穿插构成。由两榀穿枋柱架平行对立于大厅两侧形成中间宽敞的活动空间堂屋，大厅两侧又分别与其平行对立的山墙形成神

林木彝家
四川省凉山彝族自治州美姑县依果觉乡四季吉村

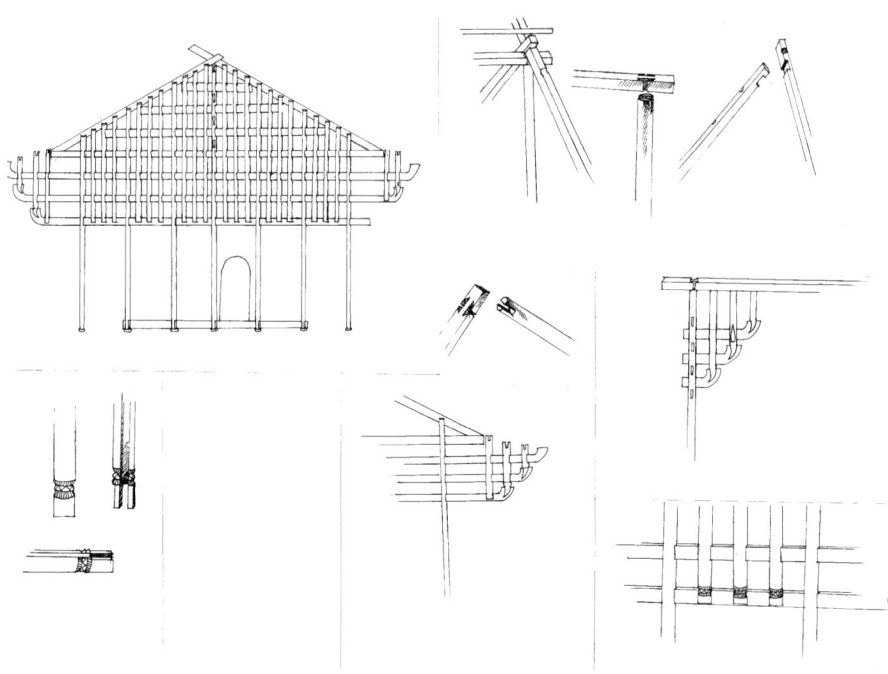

大厅靠里屋一侧的穿枋柱架及其部件绘图

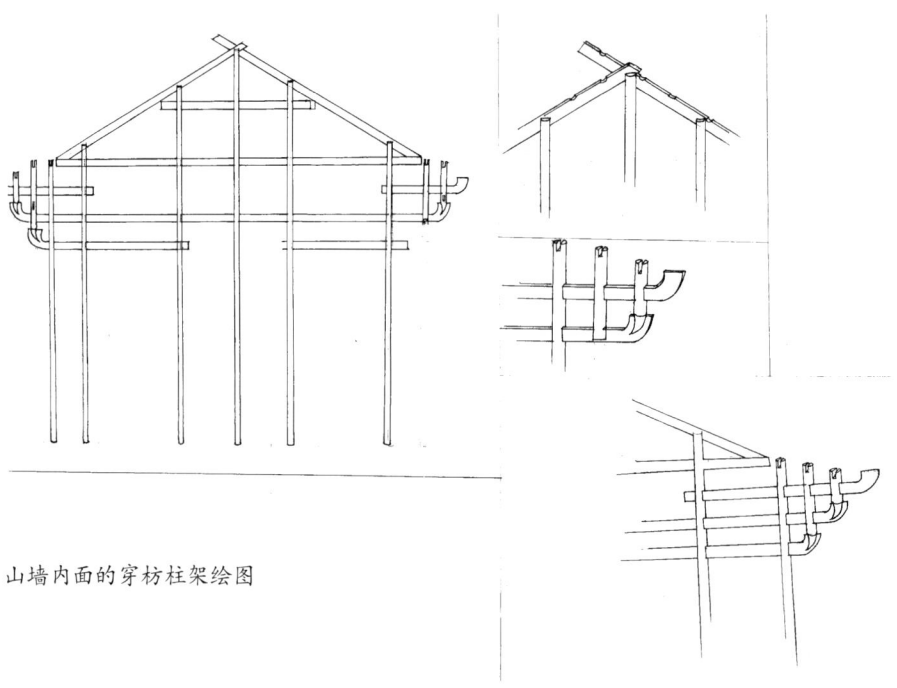

山墙内面的穿枋柱架绘图

圣空间里屋和存储空间仓屋。

（三）穿枋斗栱

穿枋斗栱是木板屋构架的关键性部件，也是最主要的装饰造型，一般在斜梁和立柱交接处挑出以承重，又将屋檐的荷载经斗栱传递到垂柱。按其所处的位置，可以分为屋内穿枋斗栱和屋外穿枋斗栱，屋内的主要处于大厅内面，屋外的则处于屋前屋后檐下。木坡家的屋内穿枋斗栱共有8攒，其中有两攒比较小，分别悬挂在大厅靠山墙两边顶梁柱和横梁交接处，各由3根垂柱和3张勾头枋子构成；其他6攒比较大的在大厅中间，各由6根垂柱和6张勾头枋子构成，以坡度网格分别安装在大厅靠屋前屋后两边，每两攒各沿斜梁垂顶至横梁下相接呈八字形。两攒穿枋斗栱的相接处由1张平头枋子穿接，再在中间吊着1根造型垂柱。屋外穿枋斗栱共有20攒，其中屋后檐下9攒都由两根垂柱和两张勾头枋子构成；屋前檐下中间朝前的7攒都由3根垂柱和3张

屋内的穿枋斗栱

屋前檐下朝前的穿枋斗栱

屋前檐下垂直相交的穿枋斗栱

屋后檐下的穿枋斗栱

勾头枋子构成，而两边的4攒则分别垂直相交后穿插在屋檐柱上，朝前的两攒各由两根垂柱和3张勾头枋子构成，朝向左右两边靠墙的两攒各由3根垂柱和3张勾头枋子构成。有意思的是，屋前屋后檐下中间的3攒穿枋斗栱分别都与屋内大厅中间3组八字形穿枋斗栱横排相连后，犹如一对展开的翅膀。

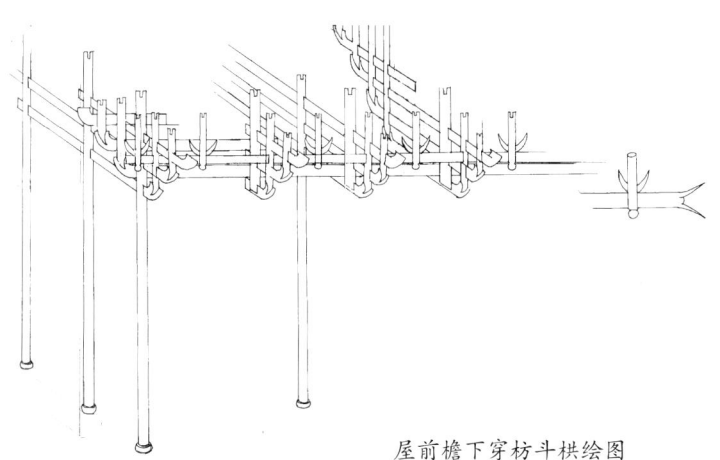

屋前檐下穿枋斗栱绘图

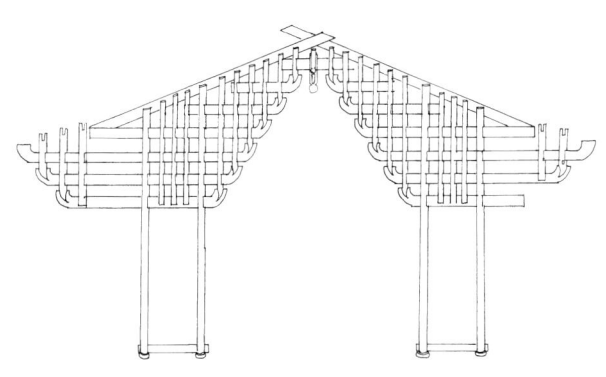

屋内外横排相连的穿枋斗栱绘图

十 耶莫外观形制

穿斗式构架耶莫的围墙采用夯土垒砌成,山墙用梯级式,高出屋面;墙内规整地设置若干立柱,填充内部结构。主要以穿枋将每一根柱子按房屋空间形状串成纵骨架式,再以柱子顶端将横梁与斜梁顶起,且用横梁支撑若干交叉布置的斜梁,而后斜梁承托连接檩子,檩子上叠加式分层盖以板子,板子上横向排放压板木"匹日尔",压板木上又间隔排放压板石"匹日杰"。

屋后四扇盖板以及五排盖板木和盖板石

格夫家的耶莫屋前屋后各有四扇板子层叠盖，再从屋檐往上有序排放压板木，第一扇尾部放一排，第一扇头部与第二扇尾部、第二扇头部与第三扇尾部、第三扇头部与第四扇尾部的叠盖处各放一排，第四扇的头部放一排。这样，屋前屋后就各五排压板木。每一排压板木上隔1米左右就放一块压板石，也横放成一排。为护好盖板且防漏水，每年都需要翻盖一次板子，时间一般在三四月份。

在彝族匠人传统的测量方法里，一般以"曲"（)）、"哩"（ ↓）为单位计量高度、长度和宽度。一个成人张开的大拇指和中指两端间的距离为1曲（拃），约合22厘米；两臂左右平伸时双手之间的距离为1哩（庹），约合1.9米。格夫家从外墙丈量，屋前屋后的长有9哩，约合17米；两面的宽有5哩，约合9.5米。屋内大厅两边的顶梁柱、大穿枋柱、小穿枋柱和护墙柱，依次往下每两根之间的距离为2曲。其中顶梁柱高有25曲，约合5.5米；大穿枋柱23曲，约合5米；小穿枋柱21曲，约合4.5米；护墙柱19曲，约合4米。从屋外用尺子测量，屋前屋后的土墙高有4米，两面山墙最高点高6.5米。以如此长度、宽度和高度比例筑建房屋结构，装好檩子并把屋后顶部的板子稍高一点盖上后，便呈入字形结构体。

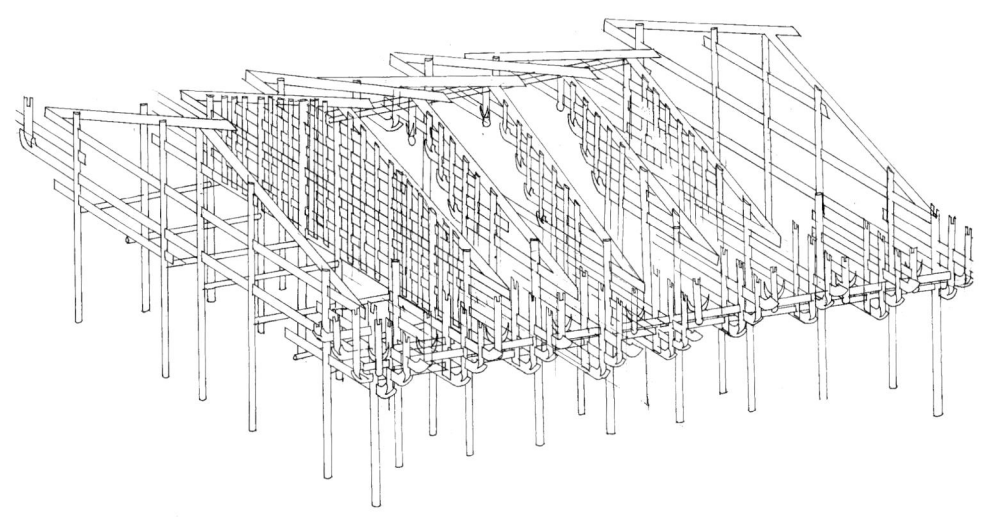

格夫家的耶莫立体结构图

四川省凉山彝族自治州美姑县依果觉乡四季吉村

十一 耶莫平面布局

① 平面概述

耶莫屋内平面整体呈长方形，根据不同的功能将空间划分为"一列三间"，即排成一列的三间房屋，中间为大厅，两侧为小室。彝语称大厅为

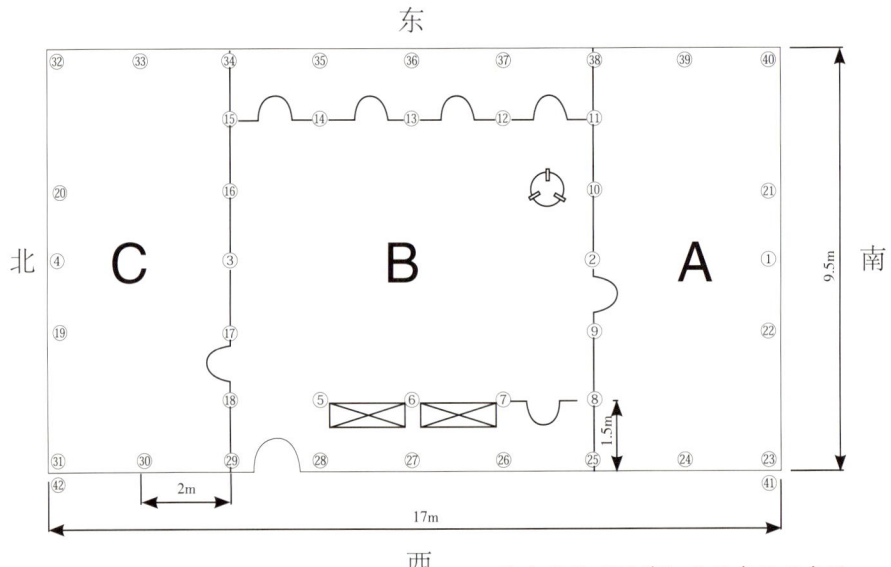

格夫家的"耶莫"平面布局示意图

图例： A "哈库"（里屋）
B "甘波"（堂屋）
C "甘坡"（仓屋）
①—④ "耶古若博"（顶梁柱）
⑤—㉒ "罗杜若博"（穿枋柱）
㉓—㊵ "杂克若博"（护墙柱）
㊶—㊷ "依日若博"（屋檐柱）

"甘库"（火塘）
"格苍"（柜子）
"兀柯"（门口）

"甘波"（ꉬꀨ），称大厅右侧的小室为"哈库"（ꉈꈜ），称左侧的小室为"甘坡"（ꉬꀕ）。屋内以"间"为单位组成立体建筑后，整个房屋分上下两层楼，楼上为"依同"（ꀑꄏ），楼下为"依哦"（ꀑꀑ）。穿接在两边的柱子用来分楼层的扣板，彝语称"克杰"（ꈌꈜ）。木坡格夫家"耶莫"的里屋和仓屋的山墙面省略掉穿枋柱的地方，就直接在与另一边柱子对应的墙体上挖一个小洞将扣板放入。

（一）哈库

哈库，汉语意即"里屋"，是设立神龛基座（ꀕꀀ）与置挂灵牌玛都（ꁈꁐ）的神圣空间，类似于主卧，为主人活动场所，一般不让外人进。基座是一个放在里屋靠后墙面正中的供奉神灵的专用柜。而置挂在里屋山墙面柱子上的玛都一般有两种：一种是子孙暂时做不了送灵归祖"尼木措毕"仪式而将已逝父母的玛都挂于里屋；另一种是父母中有一个先过世并已做成玛都的，就将其暂时挂于里屋，等另一个老人过世后再一起将玛都通过毕摩仪式送进其家支指定安放祖

里屋的神龛基座

里屋的竹网居古

灵的岩洞。格夫家的里屋楼上不放任何东西，剩余空间就用上下联通的竹网居古（◊兯）围成圈来放洋芋，不过这只是个附属功能，过去都不会有人轻易占用这个神圣空间。只是因为木坡家的里屋不安卧室剩了很大的空间，而新修的砖墙瓦盖房的水泥地板上放洋芋容易变味腐烂，才将其利用了起来。

（二）甘坡

甘坡，汉语意即"仓屋"，是储物间，类似于仓库，存放着粮柜、水桶、石磨以及锄头等各种家具杂物。仓屋的楼上还铺放着草堆，可住人。在过去人畜同居的年代，楼下就会关着马、牛、羊等牲畜。

仓屋楼上的依同

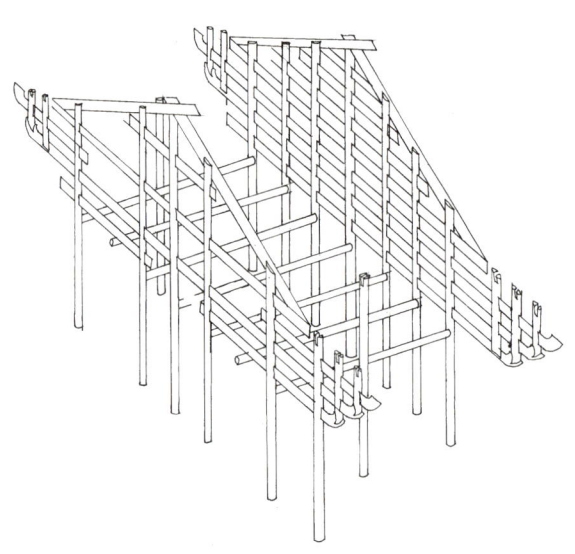

仓屋楼上楼下分层结构图

（三）甘波

甘波，汉语意即"堂屋"，类似于大厅，是家人饮食起居的重要场所，包含卧室、客厅和餐厅等功能空间，也是招待各路宾客、与亲朋礼尚往来的礼仪空间，更是毕摩做法事、节日庆典、婚丧嫁娶等的仪式场域。堂屋再以火塘为中心分为三方座位：主位"尼莫"（ꂵꆏ）、客位"甘哈"（ꈝꉘ）和次位"甘几"（ꈝꐰ）。火塘对着的里屋方是主位，为主人的座位；主位偏上方是客位，为客人的座位；主位偏下方是次位，主人、客人以及其他人都可坐。

堂屋靠里屋一侧　　　　　　　堂屋靠仓屋一侧

（四）甘库

甘库，汉语意即"火塘"，由三块半弯石板甘底（ꈝꉘ）和三个弧形石桩甘尔（ꈝꊈ）构成。圆坑的火塘之灶等分成三份后，在其分割点上分别安上一块石板以石桩为连接围成一个圆形，再立石桩三块成鼎状，锅支其上，故汉语称其为"锅庄"。火塘的设位需要讲究族人的血脉传统，以开门定方向，古侯后代的火塘设在开门左侧堂屋上房，曲涅后代的火塘设在开门右侧堂屋上房。若将耶莫屋内空间比作人体，里屋为头部，堂屋为躯干，仓屋为脚部。那么，火塘所在的位置刚好相当于人的胸口，因此火塘也被视为家屋的心脏，火塘里的火熄与燃被认为和家人的命运休戚相关。可以说，彝家若没了火塘，人心都是冰凉的。

林木彝家
四川省凉山彝族自治州美姑县依果觉乡四季吉村

温暖彝家的火塘

有彝谚云："生于火塘边，化于火堆上。"（ꌧꑲꅪꄏ，ꒉꌺꉬꀋ）火塘建筑里蕴含着丰富和质朴的彝人诗性思维与灵性情感的神学、哲学、科学、美学等意识理念和精神品质，闪烁着彝人对人与人之间、人与社会之间、人与家园之间、人与自然之间的生态和谐观念，具有深刻的寓示意义。火塘的建筑属性具有特殊的文化意义，在一个彝人的生命历程中，火塘实际上相当于洗涤精神、传授知识与交流文化的"教堂"或"教室"平台。所以，在彝人族群的集体意识里，火塘就成了一个值得记忆的场景。这个场景是以彝族原始朴质哲学"阴阳五行论"建构的宇宙模型，具体来说就是土、木、火、金、水五种物质两两相克相生、相互作用衍化而来的生命形态、生存空间以及生死轮回。火塘的结构层次依照阴阳五行说的思维方式建立，即"土木、木火、火金、金（铁铜）水"两两相互形成阴阳对立统一，具体展开来说，就是土公、土母相互作用生成木，木公、木母相互作用生成火，火公、火母相互作用生成金，金公、金母相互作用生成水，水公、水母相互作用生成命体（食物）。由此，火塘结构设计最底层为土，土上放柴（木），木上生火，火上烧（生）锅，锅里烧（生）水。

格夫家的主位与客位之间还放着一个木制猫窝。而堂屋靠墙两边的楼上均为卧室，一边四间，靠屋后墙面的楼下还有四间卧室，与楼上四间分别对称相接，都为男性卧室，彝语称之为"甘哈博惹"（ꀑꁧꊿ）。靠屋前墙面的楼下只有一间卧室，在里屋一侧，与楼上的卧室对称相接，为女性卧室，彝语称之为"甘几都古"（ꇤꐞꄔꈬ）。靠屋前墙面楼上的另外三间卧室依次对应着楼下的碗柜、衣柜和房门，而在房门背后的衣柜侧面还有一个小的杂物间。

木制猫窝

甘哈楼上楼下的卧室

林木彝家

四川省凉山彝族自治州美姑县依果觉乡四季吉村

甘几楼上楼下的卧室以及楼下的碗柜和衣柜

衣柜侧面的杂物间

十二　耶莫装饰艺术

ꀀꀁꀂꀃꀄ

耶莫除了在选基施工、空间布局上体现出山地彝人特有的民俗文化，在装饰纹样上更是彝家建筑艺术化的宇宙生命观、自然生态观和审美价值观比较生动的展现。

（一）木雕艺术

耶莫的木雕装饰多见于内屋、外檐和门窗的构件上，是木匠结合建筑构架及构件形状，利用木材质感进行加工雕刻、丰富色彩而成。

细观格夫家的耶莫，会发现屋前屋后檐下，堂屋四面的垂柱以及屋内门盖、木格花窗"斯若"（ꀊꀋ）等处都进行了雕刻彩绘，木匠用谐音、象征、比喻等手法创作出丰富的装饰造型图案。其中，垂柱是最具装饰性的一个构件，其柱头更是木雕、彩绘装饰的重点。垂柱的形态有长有短，有粗有细，雕饰也是多种多样，但以平角童裙"莎拉哦子"（ꀌꀍꀎꀏ）和牛蹄子"勒毕西"（ꀐꀑꀒ）造型最为常见。堂屋向内四面立柱中间的垂柱、屋前屋后檐下靠墙面的垂柱下端和屋前两边屋檐柱上都雕刻着平角童裙，而屋内屋外所有夹着勾头枋子头部的垂柱下端都雕刻着牛蹄子。比较特别的是，堂屋横梁最中间垂挂着一个火镰弯刀"木弓西库"（ꀓꀔꀕꀖ）造型，由三根垂柱和三张穿枋构成，上边那张穿枋为平头枋子，下边那张穿枋两端都勾头而成火镰弯刀形状，夹着穿枋勾头的两根垂柱下端都雕刻着牛蹄子，其他三根

林木彝家
四川省凉山彝族自治州美姑县依果觉乡四季吉村

火镰弯刀造型

垂柱下端都雕刻着线球。

耶莫装饰造型中水牛角尖"衣尼伙伙"（ᏧᎥ☉☉）的造型运用较多，主要因其象征着一种能驱除鬼祟、抵抗邪恶的房屋神灵之力量。格夫家的房门上挂着的一对真的公绵羊角尖也是有此寓意。而堂屋

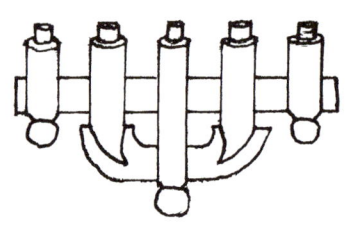

火镰弯刀造型绘图

两边的顶梁柱与横梁交接处的穿枋斗拱的第二根垂柱都做成水牛角尖造型；横梁靠近里屋和仓屋两侧各挂着做成水牛角尖造型的垂柱，下端都雕刻着线球；屋前檐下前边的横向穿枋右端做成毕摩法器签筒"武土"（ᙏ○）的造型，这张穿枋上共穿着十根做成水牛角尖造型的垂柱，且每一根下端都雕刻着不同形状的造型，从左到右依次为线球"西茨"（ᏇᏆ）、土官印章"兹莫落萨"（ᏦᏆᏇᏇ）、量粮竹斗"莫莫"（ᏇᏇ）、装汤木盘"枯租"（ᏆᏇ）、吃饭木碗"杂喷者惹"（ᚹᎥᏆᏆ）、地下红石"杂乌尔尼"（ᚹᚾᏇᏇ）、褶裙腰包"玖毕落丝"（ᎠᎥᏇᏇ）、天空石蛋"木古尔琪"（ᎻᎥᚾᎻ）、喝酒木杯"支朵者惹"（ᎻᏆᏆᎥ）、大蒜瓣儿"呷瑟布布"（ᚹᎥᏇᏇ）。值得一提的是，这组水牛角尖造型垂柱下端的雕刻艺术生动呈现着一种多元一体的文化形象。

以上这些造型除了给人以不同的审美感受和启迪，还都蕴含着独特而深刻的含义。每一种造型的寓意都通过象征的形式表现出来，如大蒜瓣儿的彝

第二章 | 四季吉村的耶莫建筑

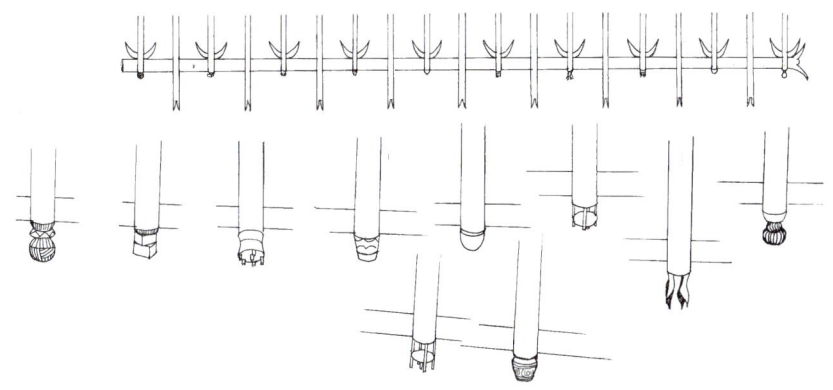

屋前檐下10组水牛角尖造型绘图

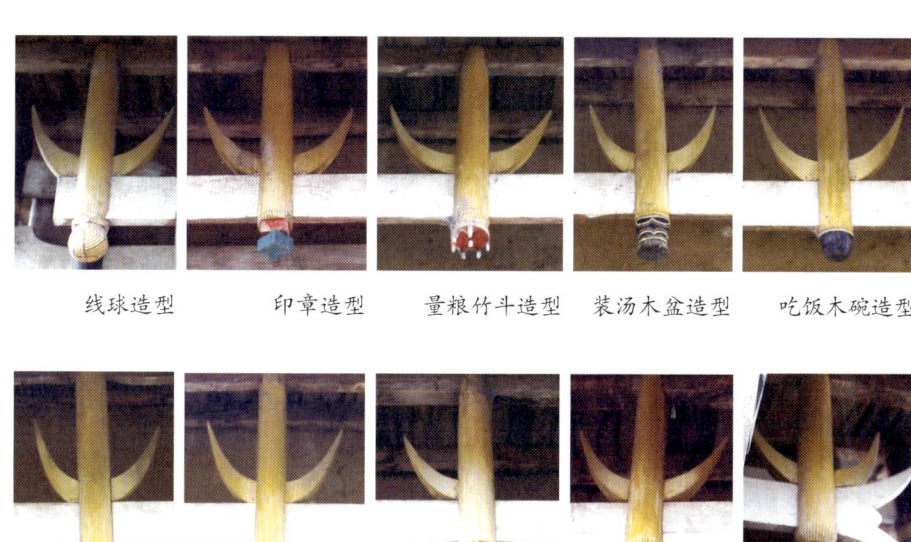

| 线球造型 | 印章造型 | 量粮竹斗造型 | 装汤木盆造型 | 吃饭木碗造型 |

| 地下红石造型 | 褶裙腰包造型 | 天空石蛋造型 | 喝酒木杯造型 | 大蒜瓣儿造型 |

语名字"呷瑟布布"跟房屋神灵"依瑟呷瑟"（ꀊꌺꀊꐚ）有谐音之处，所以就象征祈愿房屋神灵的祝福保佑。天空石蛋和地下红石，据说都是灵石，都曾被山鹰拿到岩上玩过，因此就有了护神"吉尔"（ꐚꇓ）的象征意义。而线球、印章、量粮竹斗、吃饭木碗、褶裙腰包等造型则明显表达着对安居乐业、丰衣足食和平安吉祥的美好生活的渴望与追求。

113

四川省凉山彝族自治州美姑县依果觉乡四季吉村

窗花格上的五角星

窗花格上的尔玛

窗花格上的耶玛

此外，堂屋向内四面木质窗户格子上雕饰着五角星、镶嵌骨片"尔玛"（ꒈꉙ）和剪刻图案"耶玛"（ꒈꉙ）等具有美感的造型。

（二）石雕艺术

耶莫建筑里具有一定雕刻水平的石质构件主要就是柱础石和锅庄石。压板石则没有刻意装饰，其功能就是压实盖板。每一根立柱都需要一个柱础石，不直接落地，以防地面湿气腐蚀木头。每一个柱础石也都是在所谓风水宝地或没有鬼魂怪灵的地方精心挑选的，且在外形上都进行了规整的圆形图案雕刻。而在火塘的三个锅庄石的雕刻图案中，日、月的形象占据了中心处的位置，其周围则绘有五角星形纹、波浪纹或线条纹等富于美感的纹饰来象征宇宙。

柱础石　　　　　　　　　　　　　　锅庄石

（三）漆绘艺术

格夫家的耶莫装饰色彩以白色为主色，黑、红、黄三色为辅。外墙壁面都用白色涂料粉刷，屋内窗格上的尔玛图案是白色的，屋前屋后檐下的穿枋（包括勾头枋子）都漆以白色。从这里就可以看出，山里彝人喜爱白色、崇尚白色、以白色为美为贵的审美趣味和价值观念。彝族人习惯将日月之光的颜色理解为白色，且老人去世时必须贴身穿着白色的寿衣；毕摩祭祀仪式中有关正面的、歌颂的、祝福的、祈祷的、吉祥的仪式都称作白色仪式，《指路经》中指明祖灵的正确归路是白色之路。

里屋门盖、仓屋门盖，堂屋内的几扇竖板、窗格、垂柱下端平角童裙造型，楼下几间卧室门盖与碗柜衣柜的盖子都用黑、红、黄、蓝、绿、白等颜色油漆进行了漆绘，与木质原料本色有机搭配。屋前右端的屋檐柱上用黑、红、黄三色搭配漆绘着一个酒樽"萨勒博"（ꌷꆏꁡ）。屋前的两根屋檐柱都漆成黑色后，在与最下边一张勾头枋子的交接处雕刻平角童裙造型，并加以红、黄色彩绘；屋前屋后檐下与勾头枋子交接的垂柱都漆成黑色，然后对下端雕刻的造型加以红、黄色彩绘；屋前檐下做成水牛角尖造型的垂柱都漆成黄色，然后对下端雕刻的造型加以红、黑色彩绘。

堂屋卧室门窗漆绘

仓屋门窗漆绘

屋檐柱上的酒樽图案

第三章

DISANZHANG

四季吉村耶莫的匠人与主人

林木彝家
四川省凉山彝族自治州美姑县依果觉乡四季吉村

一 阿合者衣

阿合者衣，出生在美姑县侯古莫乡阿侯瓦觉村，他曾经是美姑一带著名的耶莫匠人，他为四季吉村木坡格夫家和甲斯硕莫家建造的两座耶莫至今保存完好。阿合者衣的家谱：阿合（ꀊꅰ）—德兹（ꄓꊪ）—德罗（ꄓꇖ）—火萨（ꉼꌒ）—俄曲（ꀗꐎ）—嘎坡（ꇤꁈ）—尼泽（ꑌꋠ）—普盛（ꁌꎭ）—狄俄（ꄀꀗ）—阿古（ꀉꇴ）—阿慕（ꀉꃅ）—萨特（ꌒꄮ）—吉硕（ꏸꎭ）—普哦（ꁌꀉ）—耶古（ꑲꇴ）—舒帝（ꎗꄂ）—机伙（ꏢꉼ）—毕普（ꀘꁌ）—乌丘（ꃬꐚ）—瓦基（ꃂꏢ）—拉且（ꆿꐎ）—古日（ꇴꑍ）—波曲（ꁈꐎ）—者衣（ꋗꒃ）。

阿合者衣近照

如今，只身在西昌某小区当保安的者衣并没有完全放弃手艺。空闲时，他会去木材市场找来点木材制作民族乐器以及工艺品。他开设于住处一楼仓库里的临时木工坊，放着正在制作中的二十多把彝族月琴，而他的四个子女没有一人学习和传承他的手艺，都在上学读书。

在能够修建木板屋之前，者衣就是从做一些木质小物件开始学起，如梳子、勺子、木瓢、锅盖、水桶、粮桶等器具。他的爷爷是个工匠，去世得早，没给他留下什么印象，但留下了一些工具。他的父亲和兄长也都会手工，只是手艺没那么高深，一般就编织些竹筐、斗笠，挖点木勺、水瓢。而他的家支中有个叫古勒的爷爷辈长辈，是远近闻名的木匠，特别是马鞍做得很出名。

者衣小时候，也在当地的村小上学，但从12岁起，就跟着阿普（对爷爷及爷爷辈长辈的彝语尊称）古勒学艺了。他先是跟着做木梳子、木勺子，一把梳子卖一角钱，一个勺子卖五分钱。后来就做大勺、木瓢、水桶等拿到山下坝区换鸡，再又做木柜子装粮食。但做这些都不怎么挣钱，主要还是要靠做马鞍。从阿普那里学会了做马鞍后，者衣的名声很快传遍山内外。彝族匠人会做马鞍的比较少，他做的马鞍非常受欢迎，他们那里有骏马的基本都会

精美的马鞍

来找他做马鞍。只跟着阿普当了一两年的学徒，他就能够独立作业，而且制作的马鞍更加精美。刚开始，人们听说是他做的马鞍，就不太愿意来购买。于是，他灵机一动，说这些马鞍都是阿普做的，而阿普已八十多岁了，人家都担心阿普要是不在了便再买不到由他亲手做的马鞍，这样一来，生意就好了。

阿普古勒去世后，者衣的手工马鞍确实卖得不好了。不久，他就到美姑县城跟人合伙办起了私人酒厂。那个时候，他们的酒主要批发给俄曲古、洪溪等彝区的小卖部。有一次，他在运酒到洪溪街上时碰到了有个要去四季吉村迎亲的朋友，便跟着去玩了。来到四季吉村，木坡格夫的父亲木坡石体得知他是个木匠，便力邀他修建一个耶莫给格夫家作婚房。本来也跟阿合家有姻亲关系的木坡家还宰了一头公绵羊，大酒大肉地款待他。盛情难却之下，他只好留下来开工。1988年，婚房修完不久后，格夫的媳妇也正式进了门。同年，他在那里给木坡古一家也修建了一个耶莫。这两个四季吉村修建较早的耶莫，都在2014年的"彝家新寨"建设中被拆了。

1992年，者衣家从美姑县侯古莫乡搬迁到越西县依洛地坝乡（上普雄）。而他的祖上自云南过金沙江迁徙以来，先后在美姑境内俄曲古乡日坚拉达、候播乃拖乡瓦嘎洛寒、侯古莫乡阿侯瓦觉等地居住过。搬离美姑几年后，四季吉村的木坡格夫特意托人来请他再为他们家修建一个更大更好的耶莫，因为木坡家觉得住在他修建的耶莫里能够如意吉祥，繁盛兴旺。但他当时已不想再修建房屋了，搞建筑很累又不挣钱。那时修建一个房屋的工钱最多只有五百元，一般都是二三百元，者衣在侯古莫老家给阿合萨洒家修建房屋时只拿了七十块钱，给沙马拉合家修建房屋时只拿了四十块钱。大部分房子都是者衣顾及亲戚朋友、邻里乡亲的情面而修建的。大概在1998年，他的哥哥回了美姑一趟，碰到了木坡格夫，便替他答应给人家修建耶莫，者衣就只好再去四季吉村开工，其实他更想外出打工挣钱。

在给木坡格夫家修建第二个耶莫期间，格夫家的邻居甲斯说莫家也想找者衣修建一个耶莫，而且拿四头已怀孕的牦牛给他当工钱，并说修房时间可以根据他的空闲时间来灵活安排。看着人家诚意满满，他也不好推辞，便接着把甲斯家的这个耶莫也一并修建了。就这样，他先后在四季吉村修建了四个耶莫，都采用屋内七层的木质结构。此外，他还住在侯古莫的时候，给那里的乡亲修建过十多个屋内五层结构的耶莫：苏呷木良家、苏呷拉几家、尼者硕惹家、尼者日诺家、阿鲁尔以家、阿鲁书体家、勒力阿热家、节烈莫伙家、沙马拉合家、的惹马尼家、海来古一家、阿合支铁家、阿合曲嘎家、阿合萨洒家；搬到上普雄后，也在那里修建了十多个屋内夹着木质结构的耶莫：阿合木石家、阿合尔格家、阿合支铁家、阿合拉则家、阿合尔衣家、阿合拉以家、阿合木曲家、巴久小尼家、吉瓦吃古家、吉布木萨贾、曲比瓦达家、俄木达洛家，等等。还有些修建过的耶莫，他已记不得了。

在所修建过的耶莫中，者衣比较满意的还是木坡格夫家的第二个耶莫，主要是因为使用的木材好。那些木材均为杉树，都是从大风顶东面瓦候口鸡公山上找来的。虽然者衣从18岁起就能够独立修建耶莫了，但还没有修建过木坡格夫家这么大且精致的耶莫，也没有参考过他人的类似建筑。所以，者衣刚开始压力很大，担心自己不能够顺利筑成这个耶莫，更害怕浪费了人家那么好的木材。耶莫修建完成前前后后花了两年的时间，光是屋内装修雕饰就长达一年多。而修这个耶莫的工钱在当时也算是比较高了，房屋构筑修建费为两千四百元，屋内装修雕饰费为一千四百元。后来，这个耶莫开始闻名山内外，乐山那边都有不少人慕名前来观赏。者衣说，他们这个级别的木匠并不是只能够修建这么大的耶莫，只要有人喜欢，找好木材，且有经济能力，还可以修建屋内九层和十一层木板架结构的耶莫。

一个耶莫从修建到装饰完成主要经历以下九个工作程序：找木材"斯尔舍"（ㄚㄨ舍）—找匠人"尔古舍"（ㄓㄩ舍）—找工具"格古舍"（ㄗ舍）—择吉日"牧尼瑟"（ㄇㄐ頁）—待匠人"尔古孜"（ㄓㄩ米）—量柱子"若博扎"（ㄖ主扎）—分木板"斯皮克"（ㄚㄨㄎ）—房屋修筑"依霍粗"（ㄇㄖㄘ）—屋内装饰"依枯字"（ㄇㄐ字）。

找好木材、匠人和工具之后，选定一个吉日来筑建耶莫非常重要。要按彝历来择算,筑建耶莫最好的日子为羊日和鸡日,猪日也可以,比较不好的日子是龙日、虎日、狗日和猴日。在彝族传统社会结构"兹(ꁍ)、莫(ꂾ)、毕(ꀘ)、格(ꇫ)、卓(ꌬ)"五个阶层中,"兹"为掌权者,"莫"为长老智者,"毕"为宗教人士,"卓"为平民百姓,"格"指的就是工匠。木匠作为比较受人尊重的职业,请匠人家自然会好好招待。者衣带着助手去修建第二个耶莫时,木坡格夫家宰了一头公绵羊来款待他们。

彝族文明的书写历史上,一般只有毕摩流传着文字文本,形成了经书,其他文化领域则基本以口头传承为主。虽有谚语道:"纺线织布源于普嫫妮依,弹毛擀毡源于阿育阿械,工艺建筑源于格莫阿尔。"(ꊨꑘꊪꇁꁍꃀꑀꒉ,ꄉꃀꄉꌅꇁꀊꒉꀊꀉ,ꇩꎭꍈꂴꇁꇫꃀꀊꇑ。)但不曾留下过一本关于工匠方面的书。匠人们刚开始都需要跟着师傅边学边做,在施工中也没有什么设计图,就全靠头脑去构思设想。当然,彝族的木工手艺和建筑艺术也在具体的实践中有了自成体系的文化特色,如传统的彝式木板屋不涂一点油漆,不用

采访阿合者衣

一颗钉子等。

关于彝族的居住理想、生活方式和审美趣味方面，者衣举了这么一个例子来说明："我们彝族服装里的头帕、大裤脚这些穿到别人面前可能会被笑话，但我们自己就是喜欢，爱穿。拿房屋来说，过去彝族中富裕人家才能住上木板屋，贫穷人家就只能住茅草屋。所以，木板屋还是有人喜欢的，只怕修建不起。"在他看来，房屋没有能住或不能住之分，就看个人是否喜欢住。一种房屋有人喜欢，有人不一定喜欢。也就是说，在彝族各式各样的家屋中，不是一种可以住，一种就不可以住。

不久前，者衣家要把家里的夯土瓦板房拆了修建楼房，但他内心里还是只喜欢彝式建筑，于是就将房外修建成砖墙，屋内则找了些木材装修成木质结构，这也算是个有所创新的木板屋。他相信，只要有人喜欢，彝式木板屋就不会消失，彝族传统建筑文化更不会消失。

二 尔祖阿嬷

尔祖阿嬷,四季吉村彝族青年阿则尔祖的母亲,也是一座有二十多年历史的耶莫的女主人。彝语称母亲为"阿嬷",彝族女性成为母亲后,人们习惯以其长子或长女的名字加上阿嬷称呼,尔祖阿嬷即尔祖的母亲。阿则尔祖的家谱:阿则—吉合—吉俄—吉麻—吉米—布祖—舒杰—尼惹—格初—布日—尔格—尔祖。

对尔祖阿嬷的印象其实更多地来自其他人的讲述,如她的亲戚每年都会从各山下背过年猪肉来四季吉村给她拜年,她的邻里无不赞叹她多年来独自带大三个孩子的辛苦,她的女儿会在睡梦中偷听到她在寂寞夜里轻柔弹奏的口弦和浅声吟唱的"汫汫",而她的儿子尔祖所讲的关于她的那些故事尤令我们印象深刻。

"在儿时依稀的记忆中,母亲总是用她那温柔又不失温暖的嗓音对我说:'好好读书,争取找个好工作,将来别人才会把你看在眼里,放在心里。'简单朴素的话语中充满了母亲对我的厚望。

"母亲和父亲年龄相差十七岁。在嫁给父亲之前,她结过两次婚。两次都是嫁给沙马曲比家,都是刚结婚就不愿嫁了。因为两次反婚,外公家赔了八千多元(那时候的八千块钱能娶三四个媳妇)。都说有缘千里来相会,就这样,母亲嫁给了比她大十七岁的父亲。母亲说,虽然我父亲比她大很多,

阿则尔祖（中）带课题组入户途中

阿则尔祖（中）带课题组参加葬礼

但第一次看到他感觉就好,五官立体,个子高,人也优秀。就这样在母亲二十三岁的时候,他俩第一个爱情的结晶诞生了——也就是我。

"父亲很喜欢儿子。听母亲说当他听说我是个儿子时,父亲高兴得难以言语,眼里满满的都是对我们的爱。过了两年有了二妹,又过了两年三妹也有了。三妹生下来时我印象特别深刻,她很大、胖嘟嘟的,母亲说三妹长得像个男娃。

"父亲是当时我们村的支书,也是个有名的大毕摩和民间调解人'德古',还做着生意。原本我们是个幸福美满的家庭,但月有阴晴圆缺,人有悲欢离合。父亲的身体一直不太好,在我八岁那年,父亲永远地离开了我们。家里的生活条件一下子从天上掉到了地下。记得我们年幼时,面条还是很难得的食物,只要家里煮面,母亲自己便不怎么吃,她嘴上说不喜欢吃面,全让给我们三个孩子吃。现在面条不缺了,母亲却没有了以前的胃口。

"母亲三十三岁开始守寡,直到今年五十岁,从一头黑色长发到现在两鬓斑白,岁月带走了母亲美丽的容颜,遗留下来的是母亲满脸的皱纹,还有那安详的目光。母亲刚守寡时的苦日子不是硬生生的百千字就能叙述出来的。依稀记得,有一次两个小妹妹想吃肉,而家里没有肉,母亲只能煮猪油给她俩吃。每当我想起这件事,泪水就不由自主地在眼眶中打转。

"母亲就这样含辛茹苦地把我们仨孩子拉扯大了。当我考上大学时,她激地说我终于给她争了口气!而现在大妹嫁人,二妹和我都在城里读书,家里的农活都是她一人在做,她扛着家庭生活的重担。大妹偶尔生病,她更是操碎了心。看着母亲憔悴的面孔,我心里不由地泛起一丝悲哀。本该到了享福的年纪,她却还承担着家里主心骨的责任。

"如果说我是家里的顶梁柱,母亲就是家庭的地基,是这个家的根。母亲的一生普通却伟大。她用母爱的溪流滋养着三个年幼的孩子茁壮成长,她用坚实的臂膀扛起家庭的责任,她的爱不求回报。我希望母亲健健康康、平平安安地一直陪伴我们,幸福一家人就是一个家庭最美的模样!"

尔祖阿嫫生下尔祖那年,他们家的耶莫刚修成。跟这座木板屋同龄的尔祖,今年已二十五岁了,正在绵阳读大学。家里堂屋的柱子上,至今还挂着尔祖父亲的毕摩法具"司沐恩嘎"(ꊒꃅꊨꇬ):法扇、法笠、法铃、签筒和经书。尔祖父亲还在的时候,他们家的牦牛和绵羊成群,还买来了从四季吉村搬走的四五户人家的几百亩土地,可以说是富甲一方。如今,他们家里没有畜牧羊群,也种不起那么多土地,甚至认不到哪些土地曾是自家的了。

　　尔祖他们这脉阿则家支主要居住在洪溪河畔(今依果觉乡政府所在地)。大概在民主改革时期,从尔祖爷爷那一代搬迁到四季吉村,至今已在这里住了三代人。尔祖父亲有两个兄弟,在他去世后,一个兄弟家搬回了洪溪,一个兄弟家搬去宜宾了。尔祖父亲火化那天,其兄弟们就宰了一头牛给尔祖阿嫫的父兄们吃,准备谈拢转房事宜。听到这个消息,尔祖阿嫫立马将自己的父兄们赶走了,声明自己不会再嫁,谁都不能吃这头牛。尔祖父亲的兄弟中还未结过婚的愿意来转房,但尔祖母亲态度很坚硬,死都不肯。她说,谁敢进她家的门,就把谁砍掉,自己活得成就活,活不成就算了。

阿则尔祖家的木板屋

林木彝家
四川省凉山彝族自治州美姑县依果觉乡四季吉村

后来尔祖的叔父们同意他的母亲改嫁他人，也可以到城镇上去照顾孩子们上学，但不允许她开店做生意。只是尔祖母亲都没有这么做，她说自己再嫁是不可能的，而到街市上生活会不安心，只有留在这座山上心才安宁。孤独、寂寞都是难免的，毕竟这么长的时间一个人守着一个家。孩子些不听话，令她伤心的时候，她也会忍不住骂道："要是人家，早把你们丢下改嫁他人了。如果你们不听我的话，那六十多岁的老人都还可以嫁人，丢下你们不管谁能说什么？！"

现在尔祖母子之间最主要的矛盾冲突就在于娶媳妇上。不久前，尔祖阿嫫看上了一个姑娘，通过媒人说好后已经给了对方礼金，但尔祖怎么都不肯娶。母亲拿"死给他看"来威胁都没有办法。尔祖对母亲说过在自己的婚事方面她不用那么操心，也不要着急，他可以不花一分一毛钱就娶回自己喜欢的媳妇。但母亲已明确表示，尔祖自己看上的女方，家支不好的，不准他带到家里来。

尔祖阿嫫接受采访

尔祖阿嫫在做饭

尔祖阿嫫在四季吉村养大的三个孩子，一个已出嫁，两个正在外面读书。而她依旧守着那个家屋，养鸡喂猪、播种收割，年复一年，日复一日。有一次，她跟着亲人们去了一趟西昌。那是她至今最远的一次旅行。见到有山有海的西昌，她不由得赞叹这无限好的风光，她还渴望变成一只小鸟，在那海里饮一口水。得知我们上班的地方就在泸山脚下、邛海之滨，她开始乐于向我们表露心声："如果能再回到那里看一看，那就死也甘心了。"

林木彝家
四川省凉山彝族自治州美姑县依果觉乡四季吉村

三 木坡烈布

木坡烈布是四季吉村村主任木坡格夫的长子，其家谱：甘尔（ꈀꅉ）—普体（ꀕꄠ）—振德（ꍔꄓ）—布跌（ꁍꄸ）—尼梳（ꆀꎭ）—梳喔（ꎭꊈ）—典古（ꄧꇰ）—永利（ꑳꆧ）—祖巴（ꋈꀠ）—阿克（ꀊꈌ）—阿乐（ꀊꆀ）—比克（ꀕꈌ）—普祖（ꀉꋈ）—衫棉（ꎭꃅ）—阿祖（ꀊꋈ）—杰日（ꐚꏸ）—何吉（ꉾꐚ）—尼格（ꆀꇬ）—瓦土（ꊂꄮ）—拉哈（ꇁꉾ）—石体（ꏃꄠ）—格夫（ꇬꃴ）—烈布（ꆀꁍ）。

木坡烈布

当彝历鼠年（2019年12月26日）的第一场雪悄然抵达四季吉村的时候，木坡格夫还在山上的冬牧场守着羊群，他的女儿妞妞则留在家里。一进门，妞妞就拿来柴火，在火塘里生起了火。"这房子，是在我出生那年盖好的""我没有读书了，家里两个老的需要帮手""从小我就在山上放羊，还没出过远门"……妞妞羞答答地言语着。临告别，妞妞说她的哥哥在乐山那边上班，两个弟弟也都在那边上学。

烈布的妹妹妞妞（右）　　　　　烈布的两位弟弟

妞妞的哥哥正是木坡烈布，为乐山市金口河区某单位的工作人员。烈布是个热爱文学艺术的青年，他时不时地会在微信朋友圈用文字、图片和视频的形式分享故乡四季吉村的物与人。翻看他的朋友圈发布的内容，会发现他也爱读沈从文的《边城》，也喜欢吉狄马加的诗。虽离开了故乡那片山林，他也能在乐山这座如诗的边城，诗意地演绎着别样的人生。但偶尔小发诗性的时候，他还是更愿去抒写四季吉村。他说，那是他母族文化的来源地，也是他学习母族文化的取经地。只可惜，如今他心目中的故乡也在发生着令人揪心的变化。他的悲观与无奈，流露于他发在朋友圈的诗歌中。

蜿蜒的山路见证着漫长的迁徙

记载着几代人永恒的记忆

一条远走和归来的路

远处的云山雾海忽远忽近

山上的索玛已凋谢很久

年后的这里呈现出一片苍凉的景象

随着蜿蜒的小路盘旋而下

看着背后渐行渐远的村庄

我挥了挥手

……

——《无题》（2019年11月25日）

四川省凉山彝族自治州美姑县依果觉乡四季吉村

走出四季吉村以后，烈布对于那片山村、那个家屋充满了深深的依恋，他说：

"对于小时候的我来说，就是想逃离那个地方。那片土地风景很美，但生活起来是很苦的。可能对于城里的人来说，那就是一片种豆南山下，坐看云起时的"诗和远方"。

"小的时候就想，我一定要努力读书，长大了一定要走出这个地方。当时就向往山外面的生活，但真正走出去了以后，其实是特别怀念这个地方的。因为这个地方带着一种纯朴，而父老乡亲的那种真诚，以及我对于父母的那一份牵挂，都在那里。正直、善良、勇敢、勤劳，这些我们祖先世世代代积累下来的生命品格，是我在外面所学不到的。小的时候想逃离，而大了之后我就想往里面走。

"一个人在外面的时候，偶尔失眠，就会莫名其妙的紧张。一旦回到老家之后，晚上睡觉从不会失眠。我在家里，从晚上八九点钟，基本上可以一觉睡到天亮。这种感觉特别踏实。看到父母与乡亲，还有来自火塘的温暖，让人心神安宁。'你回来啦！'他们亲切的问候与真诚的眼神，是我永远不能忘记的。

"其实，我是生在马边的，那是我母亲的家乡。我上面还有一个哥哥和一个姐姐，但先后夭折了。在我快要出生的时候，家人都比较担心，就叫我母亲回到我外公外婆那里。但我出生后一个月，还是回到了自己家。我们那里的小朋友，很小就要学会在山里的生存技能，放羊、骑马、割猪草……令我记忆犹新的是，在晚上睡前的半个小时左右，我都会和父亲来一次民族传统文化的精神洗礼。那个时候年纪小，也不懂学这个到底有什么意义，但小的时候记忆力比较好，比如头天晚上父亲教我家谱，第二天我就倒背如流了。白天还是要跟着父亲一起去放羊，晚上回来割猪草。山里面孩子该干的农活，基本上我都在干。

"等该上小学的时候，父母就把我送到了马边我大姨家里，而我小学、初中、高中都在乐山这边读的。我的成长经历也没什么特别坎坷崎岖之处。

我的运气很好，外公和舅舅都在乐山，我很顺利地就被他们接到那边去读书。记得我在乐山读初中的时候，看到皮肤稍微黑一点的同学，就会感觉特别亲切，'你是不是诺苏啊？'自然而然地就会想跟他打招呼。因为，那个时候在乐山的彝族人还相当少。

"四季吉村对我来说，就是一个彝族文化取经的圣地。我能够领悟到这点，源于父亲对我的彝族传统式教育。在我七八岁的时候，他就开始教我背诵从凉山彝人祖先古侯到我这辈的几十代家谱，教我彝族男子在婚丧嫁娶时的说唱'克智'，还用彝族教育经典《玛牧特依》来教导我。虽然小时候的我常常是左耳进右耳还没出就去和同学打架了，但这段在火塘边的记忆，永远伴随着我。父亲用母语教会我的家谱、'克智'以及'玛牧'，都成了后来我在大小凉山走亲访友时最好的'导航'。这就是母语的力量，母语是彝族文化不被吞噬的最后一道防线。作为一个普普通通的小人物，我能做的就是让自己和家人们说母语，唱母语，记忆母语，传承母语……

"而我的母亲，虽然对彝族传统文化不是特别懂，但从她的言行中可以看出她就是传统的彝族妇女。我的外公水普老毛，1953年参加工作，从担任乡长到正厅级干部，受过国家三代领导人的接见。这对一个彝族领导干部来说，也是相当不容易。我的母亲就生长在这个条件比较好的家庭。那个时候四季吉村的情况还是'三不通'，彝族传统的农耕方式直到大概2012年的时候，才被一些简单的机械化方式所代替。事实上，现在都还保持着大部分的传统耕作方式。

"我曾经听人讲过，我母亲嫁过来的时候，穿着时尚的喇叭裤、小皮鞋，在路上走了三天，每到一个村寨，所有人都会好奇地跑出来看。她能够在海拔三千多米的地方，把心放下来；能够在这个地方，养育我们。这样一种不怕吃苦的品质，就是源于她对家庭的责任感。她本可以不归属这里，但她为什么还要坚持来到这里？彝族的婚姻习俗，有自己的一套规矩。由于我外婆是我们这个家支的，我的父母就有一种堂兄妹的关系存在。但我外公外婆都没有逼迫我母亲，就让她自主自愿地选择，她是自己毅然而然坚定地嫁

林木彝家
四川省凉山彝族自治州美姑县依果觉乡四季吉村

烈布的父母

到四季吉村,用自己勤劳的双手,一样一样地学习生存技能,砍柴、耕地、缝布、相夫教子,最后成为一个带着高原红的、地地道道的彝家女人。

"每年的寒暑假,我都会回老家帮着父母干活。父母把我送到外面去读书,学费、生活费对于一个农村家庭来说是一大笔费用。如今,我对那片土地、那个山村,更多的是一种精神上的回归,以及对那里亲人的牵挂和家的眷恋。而这种精神上的归依感,是只有四季吉村才能够带给我的。有时候,为了实现自我价值,我们不得不去外面发展。但如果说自己能够强大一点,能够回去给那片土地带来些什么,便是我认为再好不过的事了。当然,自己能不能到那个点,就要靠个人的七分努力和三分机遇了。我知道我们家乡要发展旅游业,如果没有政府的支持,没有人把这个地方的地域文化提起来,那肯定很难。

"我对以后的前景是比较看好的,特别是随着乐西高速公路的开通。上天赐予了我们美丽的自然风光和宜人的气候,在这里发展民宿是很好的选择:把一些彝族的传统建筑装修成客房,供外面的游客来住,再提供一些具有彝族风俗民情、人文生态和山地农牧生产活动的体验区。乐山政府对大风顶的旅游宣传是特别到位的。有一次,我在乐山市信访局门口看到大风顶景区的画作,在其中就发现了我们家的耶莫。我们这些年轻人能够回去,带动那片山村的发展就太好了。在为家乡人做点什么事的同时,也能够实现自我价值。为了家乡的发展,我们需要走出去,再走回来。

"四季吉村对于我,是成长的摇篮,也是我肉体和灵魂最后的归宿。"

第四章
DISIZHANG

四季吉村的节日庆典

彝族自称"诺苏"(ꆈꌠ)中的"诺"是由"尼"音变而来,"苏"是指"这一类、这一群人"。有的彝语方言区的彝族自称"聂苏""纳苏""撒尼""尼苏泼"等,也都是从"尼"音变或意移而来。实质上,最古老的彝族统一称谓是"尼",跟汉语"灵"同音,且在很大程度上同义。由于崇拜祖先神灵,而遵循送灵归祖"尼木措毕"(ꆀꃅꊿꀕ)仪式这一宗教信仰的群体就称为"诺苏"或"尼苏"。这里的"林木"就表示"彝人栖息之地",而"措毕"则意指"超度亡人",即通过祭祀将去世的老人之灵送归祖界。

一 彝历新年

ꀨꆪꏓ

四季吉村的人们爱听"阿晗尔"(ꀉꉭꆈ)。不管是共赴盛会、迎宾待客、逢年过节，还是嫁女娶妻、奔丧送葬、耕牧劳作等场合，都有人在颂唱阿晗尔。阿晗尔有过年唱调"库史阿晗尔"(ꈎꋖꀉꉭꆈ)、庆祝唱调"苏沐阿晗尔"(ꌠꃅꀉꉭꆈ)、婚礼唱调"希喜阿晗尔"(ꉎꑭꀉꉭꆈ)、丧礼唱调"层格阿晗尔"(ꋌꈌꀉꉭꆈ)等，是根据演唱主题、演唱内容、演唱场合与

放养的过年猪

演唱者身份的不同，而将叙事与抒情融通生成的彝族民歌样式。我们庆幸阿哈尔这种归向母语根处的歌诗传统仍在族人的生命礼赞、过渡仪式和节日庆典中以活态实践着母语表述中的音乐内涵、音乐品质，以及音乐与山地民族的文化记忆、思维方式、精神气质之间深层次的悟性与特性。这里，仅选译一段流传于四季吉村的库史阿哈尔唱词，来让大家了解那里主要的传统节日。

来唱阿哈尔	ꀕꎭꀊꉼ
阿哈我来唱	ꀊꉼꉢꀕꎭ
阿哈你来唱	ꀊꉼꆏꀕꎭ
唱呀唱美好	ꎭꀕꎭꃀ
唱美好年月	ꈤꎭꃀꀕ
唱美好日夜	ꆏꎭꃀꀕ
十二个年头	ꎭꈤꄚꈬ
这一年最好	ꈤꑌꉬꃀ
十二个月份	ꎭꆪꄚꈬ
这一月最好	ꆪꑌꉬꃀ
十二个日子	ꎭꆏꄚꈬ
这一日最好	ꆏꑌꉬꃀ
十二个夜晚	ꎭꊈꄚꈬ
这一夜最好	ꊈꑌꉬꃀ

唱呀唱欢歌	ꎭꀕꎭꃀ
过年唱欢歌	ꈤꎭꀕꃀ
拿出杯与盘	ꀃꃅꀃꁦ
敬上酒与肉	ꎭꀃꏸꑊ
向祖先神灵	ꀳꂯꀳꂯ
求呀求幸福	ꈤꎭꈤꃀ

林木彝家
四川省凉山彝族自治州美姑县依果觉乡四季吉村

阿啥来一曲	ꀉꑟꆈꋌꐥ
阿啥唱不尽	ꀉꑟꇗꀋꉆ
祈福新一年	ꈎꌋꈎꑋ
愿安康吉祥	ꑽꀊꈽꐥ
过年祭祖灵	ꈎꏦꁮꑼ
喜鹊唤平安	ꐘꃀꀊꋦ
喜鹊平安呀	ꐘꃀꀋꂷ
筑巢给后代	ꊈꆈꂯ
子子孙孙们	ꃅꋊꑴꉻ
数着年喂猪	ꈎꑝꀜꊿ
把猪喂肥大	ꀜꐚꐚꅐ
鲜肉献祖先	ꑝꁮꑼꏦ
数着月酿酒	ꆪꑝꊒꏦ
把酒酿醇香	ꏦꊒꏦꌦ
美酒敬祖先	ꏦꑝꁮꑼ
……	

这段唱词点明了彝族年的主旨和意义——用美酒鲜肉供奉祖先神灵，以求来年幸福安康、吉祥如意。短短几句唱词，不仅简洁地描述了欢歌笑语庆新年的节日情景，而且充分表达了人们对于祖灵的敬畏与对生活的热爱。由苏克明等著的《凉山彝族哲学与社会思想》一书在"宗教信仰"一章里就指出，祖先崇拜在凉山彝族整个宗教信仰中占有非常重要的地位，并根据有关民间传说做了如下阐析。

凉山彝族祖先崇拜是以灵魂不死的观念为基础的，因为他们认为，祖先亡后肉体虽被火化，但还直接影响到子孙的生产、生活乃至生命，只不过不是以祖先肉体的形式，而是以其神秘的灵魂的形式，于是便产生了对祖先崇拜的宗教意识。祖先崇拜，就其实质来讲，就是对祖先灵魂的崇拜或信仰。

凉山彝族先民又认为,祖先亡后要归宿到祖先发祥地,仍然过着吃、喝、住、行等生活。为了使祖先能在另一个世界过着富裕的生活,在世子孙要虔诚地祭祀和供奉,其目的是祈求祖灵的庇佑和福佑,而对祖灵的祭祀与供奉,就是祖先崇拜的主要内容。

可以说凉山彝族重要的节日庆典与仪式习俗实质都是指向祭祀祖灵的宗教行为。四季吉村所属的义诺土语区,就以

用蕨萁草烧年猪

彝族年"林木库史"、度亡灵"尼木措毕"和剪羊毛"林木沙茨"为重。其核心的文化内涵与意蕴均为表达子孙对祖先的孝敬,以求祖先神灵保佑人畜安康、五谷丰登、子孙兴旺、家支发达、世道吉祥、繁荣昌盛。

以祭祖为中心事项的彝历新年"林木库史",早已发展成彝族最具族群共性且超地域性的传统佳节。"库史",系彝语音译,意即"过年",也就是彝族年。关于彝族年的起源,阿候雅雅等人在《美姑彝族过年及做客习俗》一文中记述了几种说法,一说彝族过年是庆贺丰收;一说是从前世上有三条凶恶的巨蟒食人和动物,人们对它恨之入骨,有人在农历十月间用火烧死了吃人的巨蟒,为纪念这个日子,每到农历十月人们就要杀猪宰羊庆贺一番,后来演变成今天的过年了;又有一说是侯俄天古子(天神)的女儿嫁给石木木基(人世间)的畏者秋布,新郎误伤女方家的管家性命,岳母令女婿每年农历十月砍一背好柴块,磨一袋当年的面粉,割半边猪肉送来,这样既算赔了命金,又孝敬了岳父岳母。后因路途遥远,要送的东西一直送不拢,

所以改为每年农历十月家家砍年柴、户户杀猪宰羊，并用泡水酒、肉食等放在主位上方祭祖，以示已送去了肉食，这样就形成了现在的彝族年。

一年又一年，由毕摩或懂彝历的老人按十二属相择算吉日定下过年日期后，彝家人人忙碌起来，缝制新衣，砍伐年柴，磨制过年豆腐，酿制年酒等。彝族有谚语："过年三天好吃好喝多，度灵三天好看好玩多。"也就是说，过年"库史"和度灵"措毕"的仪式程序都需要在三天内进行。

"乌巴瑟"（ᏉᏁᏲ）意为"杀年猪"，为过年第一天。一个寨子里，先从长辈的年猪杀起，以此类推。猪以死得快为吉，杀死后用蕨草烧毛洗净。接着取猪胸部肉及腰、肝、脾、心煮熟，放到神龛上敬祖灵，而后家里人才开始吃年饭。

"朵博"（ᗅᎦ）意为"庆新年"，为过年第二天。这一天，邻居们开始欢快地相互串门拜年，孩子们举行新年聚肉野餐活动，妇女们则在家灌香肠迎客人。为了庆祝新年，男女老少都会围坐在火塘旁畅饮香甜的年酒，高唱彝家年歌。

"阿普波基"（ꀉꁌꀬꀵ）意为"欢送祖灵"，为过年第三天。当天还没亮之前，家里人便

用年猪胆占卜

用年猪脾占卜

木板屋里悬挂的年猪肉

开始将神龛上的肉食与饭拿来热好后供给祖灵并敬送之。库史三天结束后，人们纷纷背上猪肉、鸡蛋以及糖、酒等礼品，开始在亲戚朋友之间互相走访拜年。

一般来说，彝族年分为年前和年中两个部分。年前主要为喂年猪、择吉日、酿制酒、砍柴、除尘，年中主要为迎祖、杀牲、祭祖、送祖、串门、背肉、唱年歌、儿童聚肉祭树神等。美姑本土学者阿牛史日曾在一份关于当地彝族年调查报告中指出，这种典型的彝族年传统，一方面沿袭并传承着故有的民俗，另一方面也随着现代文化的冲击而悄悄地在变异与消失。不管怎么说，彝族年是彝族民众对人丁平安、六畜兴旺、欢乐祥和的生活的演绎，也是彝族以崇祖敬祖为核心的民俗文化的展示。随着年间一声声虔诚的献祭声、吆喝声的结束，人们将在新的一年里依然如故地劳作。

林木彝家
四川省凉山彝族自治州美姑县依果觉乡四季吉村

二 剪羊毛节

媒体较早关注四季吉村并深入实地进行的深度报道,是《凤凰周刊》(2014年第21期)李克难所做的"特别报道"——《保护与重建的两难选择——凉山最后的彝族传统村落》。报道称:

四季吉村坐落在海拔3000多米的群山中。在云雾中起伏的高山草甸间,是若隐若现的羊群、猪群和牧人(这里的猪是如牛羊一般放养的,据说因此肉质特别鲜美)。村庄的背后是大风顶自然保护区,那里是大凉山地区唯一留存的原始森林,以云海、大熊猫驰名。

一条溪流穿过村前,溪流边是用竹篾和藤条编成的菜园围栏。走过两块木板搭成的小桥,便能见到几户彝族传统的夯土瓦板房。

从文字描述的场景来看,四季吉村隐于"群山云雾中",而在千里绿水青山之巅安家放牧的彝人跟大熊猫之类的野生物种和美共生。该报道也通过彝族学者侯远高先生介绍了四季吉村村民保留至今的一种彝族传统的游牧游耕的生产生活方式。这种在森林、河谷和高山草甸间形成的"山地牧民"生产生活方式的独特性,就在于在群山中哪里有草哪里就能放牧,夏天在山坡上放牧,冬天气温下降便在河谷边放牧。

诗人梁上泉先生在《凉山新曲》一诗中对牧人与自然和谐同在之生态生活的吟赞:

一坡坡羊群向着野花叫

一丛丛野花向着羊群笑

是羊群？是野花？

只有那山上的牧人才知道

彝族青年诗人马晓东也在《羊群》里诗意地抒写过母语传说中的那片高山牧场：

其实在很久以前我就知道

惹夫火吉向来是个那么遥远的地方

这从未增添过我的忧思

群山隐没自己头颅的时候

羊群就像一团没有方向的乌云

在牧人的吆喝声中渐行渐远

……

诗中的"惹夫火吉"于1994年成为美姑大风顶国家级自然保护区。这片以保护大熊猫、牛羚、川金丝猴等珍稀野生动物为主的森林生态系统类型自然保护区，位于川滇南北构造东沿部分的凉山褶断带，在扬子准地台与青藏褶皱带两个性质迥异的构造大单元之间。这里人迹罕至，水流充沛，且是

出牧之晨

四川省凉山彝族自治州美姑县依果觉乡四季吉村

大风顶上的牧羊人

热带季风湿润气候条件下形成的深切割的中山地貌，自然成为野生动物安心归依的港湾。《凉山文史资料选辑》第12辑"风景名胜"类上有一篇美姑政协供稿的关于大风顶的文章这样写道：

一踏进大风顶自然保护区，首先映入眼帘的是一座巍峨矗立的高峰，浩瀚的原始森林恰如波涛起伏的绿色海洋。茫茫的森林繁竹中，百鸟争鸣，百兽长嘶，你呼我应，回荡山谷。大风顶山巅则是广阔的天然牧场，成千上万的牛羊在此度过美好的夏日。大风顶季节性风光独具特色，每到春夏季节，朵朵鲜花遍布山野，最为迷人的还是那跃跃欲飞的珙桐花，多姿多彩的杜鹃花和海棠花。夏末初秋，山花渐渐凋谢，杉树仍然焕发青春，满山遍野的灌乔木树叶，叶片由绿转红，片片红叶在秋风微微地拂动下呈现出红绿色间杂的景色。进入隆冬季节，则是另一番景色。大地披着银装，茫茫树木凝结着千姿百态的冰柱、雪凇，极其壮观。

这片人间净土给人的感觉，就像儿时经常在此放牧骑马吼山歌的木坡烈布所说的："很多人会觉得这就是诗和远方，田园牧歌的生活，但在大风顶牧羊人的眼里，这是平淡孤独的一天，这里是他们世代生活的地方，无关田园风光，也无关诗情画意。打水做饭、放牧……是日复一日琐碎忙碌的工作，是土地、天气和羊群，共同造就了美丽的惹夫火吉！"羊对于烈布，对于四季吉村的人来说，就是一种特别珍贵的吉祥物。他们所穿的、所用的，基本上都取之于绵羊。绵羊毛不仅可以卖钱，还可以做成御寒的披毡。

在烈布的印象中，大概于七八月举行的"林木沙茨"，要提前请毕摩来算好吉日，还要把剪羊毛的器具磨得锋利一点。等到这个日子的头天晚上，大家都会早早地睡觉。烈布作为家里面的长子，第二天一早要和父亲一起去惹夫火吉剪羊毛，还要带上酒、肉（过年腊肉）、燕麦粉等一些好的食物送给牧羊人。当日，大人们会聚在一起喝酒，谈一谈羊。"今年你家多了几只羊""这只最大的羊就是我们家的"……每个人都特别激动，都有一种很骄傲的感觉。而对于小孩子来说，最开心的就是可以吃到肉了。因为家里会杀一头小猪、烧一只鸡来庆贺丰收，祝愿绵羊成长，感恩它们又给家里带来了一笔财富。到了晚上，拿一点羊毛敬给祖先，和祖先一起分享丰收的喜悦，祈求祖先保佑来年的绵群更加壮大。晚饭后还会来个家庭大会，总结一下今年，展望一下明年。烈布的老父亲平时是很少喝酒的，但到了这一天，也会喝上个两口。大家欢声笑语，非常高兴。那个时候，他的二姑、大姑还没有出嫁，高兴了也会来一曲"沣沣"，吟唱一下羊与彝家的故事。

"普体重剪羊毛，阿都重火把节。"（ꁌꄧꏦꑴꇉ，ꀉꄮꍧꄨꊿ。）这句谚语里的"普体"为彝人氏族"诺伙"，"阿都"为部落首领"兹莫"。在彝族母语特有的命名方式中，有一种是以当地比较大的氏族或部落名称来给该地域取名。普体彝区今属于美姑县，阿都彝区今属于布拖县。

"剪羊毛"的彝语全称是"约沙茨"（ꒉꐳꊿ），简称"沙茨"。"约沙"即绵羊的毛，"茨"意为"剪"。自2014年以来，美姑县每年举行一次的剪羊毛节"尼木·约纱茨"，已成功举办了六届。其中，第二、三届的主会场都在大风顶。节日里会举行洗羊、剪羊毛比赛，另外还有斗牛、斗羊、赛马、摔跤、选美、唱民歌、非遗展演等十多种丰富多彩的民族民俗文化活动。在彝乡高山农牧结合区的"沙茨"原本是季节性的节庆，属于牧业生产仪式化的文化活动，当地政府举办的剪羊毛节意在推动民俗文化旅游，那传统的剪羊毛"沙茨"在四季吉村是怎样过的呢？

四季吉村民一年有两次会到惹夫火吉去放羊，一次是在三四月份春暖花

林木彝家
四川省凉山彝族自治州美姑县依果觉乡四季吉村

在莫伙依达河洗羊

开时节,放牧十天左右;一次是在六七月份夏热草青时节,放牧二十多天。剪羊毛一年则会进行三次,一次是春季的"泥沙"(ꃅꎭ),一次是秋季的"滁沙"(ꈌꎭ),一次是冬季的"沙嘎"(ꎭꇤ)。春季和冬季的两次剪羊毛都是各自在家里进行,只有秋季那次会一起赶羊到惹夫火吉去剪羊毛,然后再隆重地庆祝。以前,马边、峨边、雷波等县与大风顶交界地有羊群的人家也会将羊赶到惹夫火吉来剪羊毛。人们纷纷穿上盛装,带上美酒和美食,有的会拿些衣物、食物等去换羊毛,还有些妇女会带上自己酿的燕麦酒到那里去做点小买卖。

当村民们在山上剪完羊毛,把羊群赶回家里来的时候。家里杀得起猪的就要杀猪迎羊,杀不起猪的就要烧鸡迎羊。每家一只鸡是必须要烧的,因为要看鸡舌"瓦哈合"(ꉮꉌꉱ)占卜。羊群进圈之前,还要先用一块烧红的石头做净化石,放入盛上清水的木碗后在羊圈里进行祛除污秽的清洁礼"尔擦苏"(ꀕꊿꌠ),然后会煮一盆热腾腾的燕麦粉"居波"(ꐚꁍ),同美

剪羊毛（一）

剪羊毛（二）

四川省凉山彝族自治州美姑县依果觉乡四季吉村

酒、鲜肉一并端向神龛祈福祝语道：

  绵羊之神到家来 ᵁᵁᴉᴉ（彝文）

  五谷之神到家来 ᵁᵁᴉᴉ（彝文）

  "吉尔"神灵到家来 ᵁᵁᴉᴉ（彝文）

  "库合"神灵到家来 ᵁᵁᴉᴉ（彝文）

  愿畜牧发展 ᵁᵁ（彝文）

  愿五谷丰收 ᵁᵁ（彝文）

  把诺古河谷都夫拉铁家的羊神招来 ᵁᵁ（彝文）

  把鹰翅山巅阿波依居家的羊神招来 ᵁᵁ（彝文）

  把黄茅埂下毕力牧博家的羊神招来 ᵁᵁ（彝文）

  ……

第五章

DIWUZHANG

四季吉村的信仰仪式

在万物有灵信仰基础上,彝族发展出了一种较为完善并自成体系毕摩(ꀘꂾ)信仰。"毕"意为吟诵、念诵、诵读,有"举行祭祀时作法祝咒诵经"之意,具体指念经;"摩"意为长者或大师,通指"有知识的长者"。在彝族母语文化领域,毕摩是一群学富五车、充满智慧的宗教人士,被视为"掌有天命神权的大法师"或"通天地之灵的人"。毕摩主持一系列的祭仪、巫医、占卜、诅咒、盟誓、神判、驱鬼、招魂、安魂、送灵、消灾避祸、祈求福祉等宗教仪式和生活仪式。

林木彝家
四川省凉山彝族自治州美姑县依果觉乡四季吉村

一 送灵归祖仪式

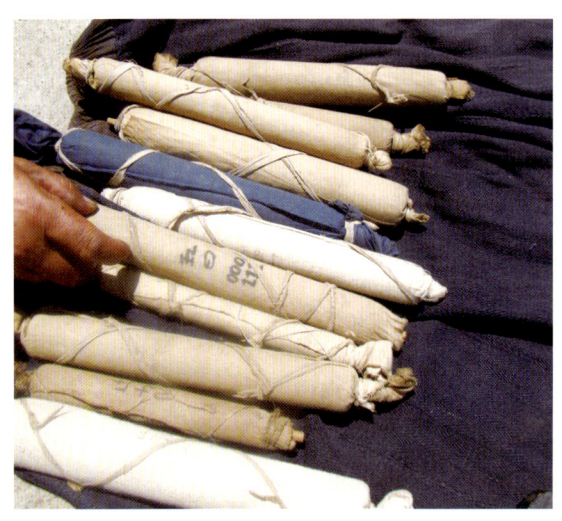

毕摩经书

毕摩法帽

毕摩法扇

据木坡古一回忆，住在四季吉村的木坡家支中有三家人举行过送灵归祖仪式"尼木措毕"：一家是他自己家，于彝历猴年（2004）举行；一家是木坡格夫家，于彝历猪年（1995）举行；另一家是木坡尾布家，但具体是哪一年举行的他记不起来了，大概在三十多年前。

木坡格夫家在做尼木措毕之前，不幸夭折过一儿一女，幸运的是在做完尼木措毕不久，烈布就出生了。毕摩取的"烈布"这个名字中，"尼"的谐音"烈"，意为"彝之子";"布"有繁殖、兴旺之义。可能与生俱来便带着如此神秘莫测的命运,烈布总是莫名地对尼木措毕怀着一种神圣的感恩之情和信仰之心。长大后,他也亲历了堂哥木坡古一家的尼木措毕,使他印象深刻。凌晨两三点钟,十几个大毕摩念诵着《祈福经》《献祭经》《指路经》,在黑夜里听到那诵经声,让人起鸡皮疙瘩。这个仪式上的语言,大部分用的是彝族最古老的语言,烈布他们其实基本上都听不懂,但是可以去想象毕摩吟诵的高山、峡谷、河流、祖先,还有那一把泥土、那一根草。这些吟诵让人心神安宁,是一种精神洗礼。

远古的时候,彝人魂牵梦萦的故土家园兹兹普窝,发生过一场战争,那是部落聚结与分化的浴血之战。在部族首领古侯、曲涅两兄弟的带领下,诺苏彝人高举灵牌"玛都"($\theta\Psi$),带着求生的欲望和尊严,于波峰浪谷之间寻找一线生机,只身跳进金沙江,紧紧抓住一株神圣的依依草。成功上岸

尼木措毕仪式上的毕摩

林木彝家
四川省凉山彝族自治州美姑县依果觉乡四季吉村

之后，一路向北，到达伙洛依呷（今美姑大桥）时，古侯部落往左方迁徙，曲涅部落往右方迁徙，踏上了向着大小凉山深处生根发芽、生生不息的文明之旅。

玛都是用竹根做成的灵牌，彝语亦称为"尼具"（ᚤ）。传说，一对父子在追寻"天边"的路上，父亲不幸去世，儿子将其火化于一片竹林，并挖了一根绿竹作为父亲灵魂的象征带回故乡。从此，彝人在送灵归祖的尼木措毕仪式中便以竹根为灵。还有一则传说，在远古洪荒时，居木乌乌（彝人再生始祖）被洪水冲到兹洪而碾山得救后，最先抓住的是竹子，拉住竹子爬上崖边又抓住了招魂草"依依"（ᚩ）。于是，天神侯俄天古子对居木乌乌启言道："竹根附尔灵，魂草招尔魂。"从此，彝族开始用竹根来制作灵牌，以招魂草来招魂。

《勒俄特依》中"万物起源"篇讲道，天外神秘空间"恩聂"（ᛟ）掉落恩杰吉勒山上的灵竹"尼具"燃成火，燃烧了九天九夜后，从火中诞生了天下万物。史诗还记载着，那位无所不知的神女兹妮史瑟对寻父买父的什那俄特说："祖灵不能挂墙脚，祖灵要挂房梁上，祖灵不能送水中，祖灵要送进岩屋，从此以后生子就能见父了。"并启示了必须在进行"尼木措毕"之后才能实现生子见父，人之成人，族之成族的理想，否则就会断代。"子债父欠是娶媳安家，父债子欠是送灵归祖。"（ᚠᚢᚣ，ᚣᚤᚥ。）这句谚语也就由此而来。

关于尼木措毕三天的仪式过程、内容、功用以及"祭祀牺牲"，吉郎伍野在《美姑"尼木措毕"送灵归祖仪式》中有细致而生动的描述。

程序烦琐、规模宏大、语言深奥的送灵归祖仪式"尼木措毕"主要包含祖先崇拜、祖灵归祖、五谷丰登、六畜兴旺、生殖求育、子孙发达等内容。从仪式的功用上看主要有三层：一是将祖灵安全地送归祖界，体现在招灵、制灵、祭灵、净灵、送灵等一系列仪礼上；二是为子孙后代祈求幸福安康和繁衍发展，体现在挽魂、婚媾与接种等仪礼上；三是为娱乐而进行的活动，以转棚最为突出。

转棚仪式

以下简要来谈一下祭灵、净灵和送灵的过程。

祭灵 顾名思义就是用供品祭献祖灵。新灵桩制成后，"偷"出（"偷"时从屋顶上掀开瓦板摘下而跑，主人家成员在后边追边高喊"祖灵被盗"）已经经过若干年安灵的祖灵桩，和新制的祖灵桩一起，断开纠缠于祖妣之身的累赘、破烂、糟粕之类的缘孽并扫除祖妣身上的尘渣，建立一个象征性的房屋，挂在瓦板下，用仪式主人各家各户和女儿姻亲所献的香肠、炒面、酒、腊肉、鸡蛋等祭品进行祭祀，由此进入了祭灵的仪式。祭灵主要在灵屋"尼以"（ᒉᑊ）下、青棚"毕丘"（ᛕᐁ）下和白宅"曲以"（Ⓞᑊ）下进行。

净灵 为了让祖灵变得更加纯洁，还要举行净灵"曲次曲弘"（ⓄᑎⓄᛘ）等仪礼。"曲次曲弘"是一道为祖灵除掉各种污秽让其变得白净而走进光明境界的仪式。用去皮的、洁白的神签插一"白宅"，内屋祖灵牌和配成雌雄的大麦小麦、甜荞苦荞,白宅上覆以新编的小竹篱,其数按参加"尼木措毕"仪式户数每户一张,牺牲和缚牲用一只白色母绵羊和一只白公鸡,另用一坛白酒和一桶泡水酒及每户一坛醪糟酒。毕摩用报毕草结报毕,看《曲次曲弘》经文,烧一烫石(据传原来要用一锭白银作净石)为祖灵牌除秽。除秽后将象征祖灵的竹灵从灵桩中取出,夫妻成双成对地按先后辈分装入刺苊苞树做成的灵棺之中,装时要用羊毛包住竹灵,意为已给祖灵穿上服饰,并加一点碎银。据传,远古时本是用金银雕塑成祖妣的人像装入,但后来由于受财富和技艺的限制,象征性地用碎银代之,所以又称之为金银灵棺"曲布史洛"。金银灵棺用白布包好,行完仪礼后将"曲次曲弘"用的白色母绵羊牵至尼木措毕人户的小儿家内屋里捏死解剖,羊肉和羊皮由参加人户均分食用和保存。已成"洁白"的祖灵在白宅下再次用白绵羊祭祀,祭时先活献,再尸祭,最后肉食。祭祀完成后,定誓盟约祖灵不再为害子孙,最后给已历经了无数次除秽、待食、装入金银灵棺的祖灵念诵《变祖幻妣》经文,让"玉石为祖骨,彩线为祖筋,金银为祖面",促使其"祖变成银去,妣变成金去"。

  送灵 尼木措毕的最终指向是把祖灵送归祖界,所以送灵也就成了"尼木措毕"最主要的目的。送灵,就是在仪式中使用语言和各种行动来指令、引导和帮助祖灵回归祖界的仪式行为。这种仪式行为一方面表达了后辈对先祖的孝心,竭尽了子孙对祖先的义务,使祖灵不致沦落为孤魂野鬼无所依托而被人驱赶,同时也让祖灵能够在祖界与远逝祖先团聚一堂,且永远享受子孙后代的供奉;另一方面也表达了后代祈求安康的愿望,祖灵在祖界找到归宿后,不再滞留人间作祟于后代,使子孙们都能够拥有健康的身体和平平安安的生活环境。祖界美好且令人神往,然而通往祖界的道路却十分遥远且凶险万分,一路上处处鬼怪密布,障碍重重,祖灵回归祖界需要诸多帮助,于是有了导灵、助灵回归祖界的诸多活动和仪式,如指路送灵、舞乐送灵、转场送灵、牺牲送灵等。

  在尼木措毕仪式中,不仅要给祖灵献上用于自卫和开路的盔甲和刀剑枪矛之类的武器，而且还要献上做交通工具和引路、开路用的牺牲。这种牺牲主要有身健力壮的驮灵马、善报时辰的引路鸡、擅长拱土的开路猪、精于识途的带路羊等。尼木措毕是彝人灵魂生命中最为必要的宗教仪式之一，无论送阴魂还是送阳魂，世世代代传承着为父辈祖辈诵魂祭灵的目的只有一个——让自家昌盛，愿后嗣发达，祝未来美好。彝族学者型诗人阿库乌雾在其散文集《神巫的祝咒》里认为尼木措毕已成了彝人作为人的形式，生存于生物世界的极具个性的重要标志和内涵。人们投入很多精力和才华，利用神性的语言和烦琐的仪式，就为慰藉逝去的先辈，培育子孙，严格规范族人的价值观念与人生信仰。

献祭仪式

林木彝家
四川省凉山彝族自治州美姑县依果觉乡四季吉村

二 还债仪式与赎魂仪式

在四季吉村,每个家庭一年之中都会举行的季节性毕摩仪式主要有两场:一场是春季反咒还债仪式"晓补哲苏";一场是秋季赎魂换灵仪式"伊茨纳巴"。当地有句谚语:"春到需还债,秋到要赎魂。"

已落脚城市的木坡烈布,不管在外工作有多忙,每年至少要回家两次,一次是8月份左右举行毕摩祈福招魂仪式的时候,另一次则是过年的时候。每年,他们家都会拿最好的那头公绵羊做"伊茨纳巴"仪式的祭祀牺牲。而春季举行反咒还债仪式时,实在赶不回去参加的话,家里人就会以他的一件衣物代替其参与。

毕摩用的法铃

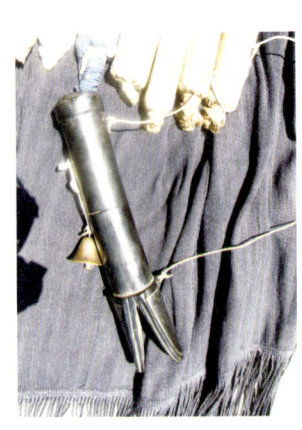
毕摩用的法签筒

（一）还债仪式

春季反咒还债仪式"晓补哲苏"中"哲苏"意为还债。由于是在反咒"晓补"的基础上插入进行的一种祭献祈福仪式，所以叫作"晓补哲苏"。需要举行规模更大、时间更长的"哲苏"有三种情况：一是家中有人身体欠佳；二是家中有特别出名的人，如毕摩、工匠、武士、德古和苏易等；三是家中有非正常死亡者。在彝乡山寨林林总总的民俗信仰活动中，"晓补"与"吉觉"都是将由别人施用咒术咒语变来的各种祸祟、鬼怪遣返或咒到对方家的仪式，在信仰观念上基本类同。"晓补"意为"反给"，"吉觉"意为"转给"，故而分别称之为"反咒仪式"和"转咒仪式"。在这些以对付鬼魔邪怪而护佑世人的巫术仪式上，毕摩要念《枯茨经》《的伟经》《招魂经》等祝经与咒经，并制作一个怪物草偶"次且"（ꃴꋠ），插上神矛"铯吉"（ꌺꏢ）、神叉"笃节"（ꄯꏂ）和神弓"旮笑"（ꇤꑟ）三种不同形状的、顶端极尖的武器，沾上仪式用鸡的血和毛后就可刺杀鬼怪。此外，仪式中毕摩要念毕的来源经，并诵自己的谱系及所备法具，以达到更好地镇鬼压邪的作用。主人家也可以在转鸡"瓦黑"（ꊫꉎ）、打鸡"瓦杜"（ꊫꄯ）、断线"西开"（ꌋꈌ）等仪程中随毕摩念咒或唤魂，以示自身的正直无邪、作善多福和力量坚强，比如念道："我们是太阳之子，我们是光明之子，喝水只喝往下流的泉，烧柴只烧往上长的树，走路只走往前通的道……"（ꉠꃅꑭꎭꌐ，ꉠꃅꀕꎭꌐ，ꑴꎭꋧꉐꀈꀑꇬ，ꀨꎭꀨꃅꌋꀨꇯ，ꃆꎭꃆꃅꇁꃆꐚ……）

（二）赎魂仪式

四季吉村的人们非常看重秋季赎魂换灵仪式"伊茨纳巴"。彝语"伊""纳"合意为"灵魂"，"茨"和"巴"分别含有"赎回"和"换回"之义。"伊茨纳巴"属于招魂仪式的一种，旨在以牺牲救赎或交换离体的灵魂，把魂招回肉体，从而祈求身心安康地进入新的一年。山里彝人俗信在过去的一年之中，由于出行、放牧、耕作、狩猎、送灵等户外活动较多，自己的灵魂极易离体而游荡在山野谷地之间，被凶鬼囚禁在想象中的鬼域，

林木彝家
四川省凉山彝族自治州美姑县依果觉乡四季吉村

赎魂仪式

要用牺牲赎回，失魂者方能生存。有些走失的灵魂长时间不能复体就可能酿成难以挽回的祸端。

　　伊茨纳巴的祭祀牺牲必须要用一只公绵羊，彝族大部分地方都不怎么重视或不太按季节固定性举行这种仪式，可能是因为很多家庭难以得到公绵羊。一般情况下，其他地方的彝人只有在因魂不守舍、灵不附体而生病，甚至面临死亡时，去找毕摩问鸡蛋"瓦琪沙"（ꀧꈐꌦ）、刻菊秆"色约木"（ꌺꑼꃆ）、看羊骨"哟格吉"（ꑾꇰꐰ）等占卜后，当毕摩指示需要做伊茨纳巴仪式，才会尽量找一头公绵羊来举行该仪式。在伊茨纳巴仪式进程中，若公绵羊不抖动全身，则意味着赎魂换灵不成功，也就不能结束仪式。等公绵羊抖身后会有一人拉着其在房前屋后转圈，毕摩跟在其后诵经招魂，人们也跟在后面叫唤喊魂。若这只公绵羊一直不肯抖身，那就需要拿另一只公绵羊来做祭祀牺牲。所以,过去有一个家庭如果没有三只以上公绵羊的话,便做不起伊茨纳巴之说。四季吉村这地方能将伊茨纳巴变成季节性的固化仪式,可能跟当地以牧羊为主的生活方式有关,毕竟有公绵羊才能做成伊茨纳巴。

彝族学者巴莫曲布嫫认为,毕摩仪式对于山里的彝族人来说是一种生活的轨范,也是岁时习俗和年中行事的重要组成部分,有着非常重要的功能和意义。举行各类仪式的原因与目的,总的来说是为了个人的健康、家支的繁衍兴旺、祛祸纳福、趋吉避凶。实质上,仪式活动就是人们争取生存和发展的一种活动的形式,这种形式具有它自身的一套民俗传承和信仰轨范,从而与年中行事发生着异常紧密的联系。其中,凉山彝区普遍举行的反咒仪式"晓补"便是最为突出的传统民俗事象。在她深入义诺彝区的腹心地带美姑县进行田野调查后,根据第一手原始素材写成了《凉山义诺彝族的季节仪式及其节日化之走向》一文,文章主要从仪式生活的文化背景、时效特征和

招魂仪式

功能衍变三个方面，探讨了反咒仪式晓补、转咒仪式吉觉和招魂仪式伊茨纳巴的民俗内涵及其节日化的发展走向，进而总结出这些仪式虽各有具体的、不同的准备和过程，但都作为一种巫术仪式，或预防灾难，或转移灾难或补救灾难，且各个仪式大凡以祝咒活动为主体，一般都导向于驱鬼禳灾、祛病逐疫、袯污除秽等仪式目的，其思想指归都在于驱鬼祈福，其实践方式往往就是通过毕摩之口诵念有着"神语"魔力的祝咒经，加之具体的与神鬼产生"互渗"的仪式行为，便可在季节转换之关口，转危为安、化险为夷，或防患于未然，从而求得心理的或精神的平衡与自慰。

第六章

DILIUZHANG

四季吉村的人生礼仪

与近些年物质文化的快速变迁相比,四季吉村以生命礼仪为代表的传统礼仪文化的变迁要小得多,保持了较高的稳定性。四季吉村的人生礼仪包括诞生礼、成年礼、婚礼、葬礼等,其中以婚礼和葬礼最为隆重。

四川省凉山彝族自治州美姑县依果觉乡四季吉村

一 婚姻礼仪

四季吉村至今保留了比较完整的凉山彝族传统婚姻制度、婚姻形式与仪式习俗,民族内婚、家支外婚、诺伙与曲伙不开亲、姑舅表优先婚、姨表不婚等传统准则得到遵守,转房、"抢婚"等仪式习俗保留至今。婚礼的仪式程序与内容得到较好传承,同时传统仪式程序及仪式中较为烦琐的部分也有了明显的简化倾向。除仪式的简化外,伴随交通改善与人口流动,村民们通婚的人群范围与地理空间均在逐渐扩大,婚礼各项议程的具体内容也出现了不同程度的变迁。

(一)说媒

媒人,彝语称为"夫嘎"(ʤㄨ),是凉山彝族的婚姻中不可缺少的角色。传统上,彝族一般男子满18岁,女子满17岁即可谈婚论嫁,现在大多符合国家法定年龄后再论终身大事。一桩婚事,一般需要一至二人说媒。即使是男女双方经自由恋爱决定成婚,也需要请人来担任媒人。媒人大多由为人正直、善于言辞、熟知婚礼礼俗的中老年男子担任。做媒者既可以是自己主动承担,也可以是受人之托。媒人经过斡旋后成功联姻,就会得到一定的酬金。确定联姻前,双方家庭须请人推算男女二人的生肖命位,以及女方与男方母亲的生肖命位是否相合。如果推算结果为相合,就开始商议聘金(俗称"身价钱",由男方向女方支付)数量和订婚日期等事宜。

（二）订婚

订婚，彝语称为"乌萨木"（ꃴꌒꃅ）。日期由男女双方共同商定，地点多在女方家。订婚当日，男方叔父、兄长、媒人、未婚夫等一行携带礼品前往女方家。男方到达时，女方家的姑娘们要进行热闹的泼水活动。男方坐定，女方家开始杀猪宰羊，向宾客敬酒。主客双方照例要派代表依次发表祝词，内容大多讲述各自家支的历史，夸赞对方家支，祝福订婚双方的婚姻等。用猪的胆脾进行占卜是订婚仪式中的一项重要内容。女方将准备好的一只公猪宰杀后，取出胆脾观察其颜色与形状，"猪胆黄澄澄，猪脾平展展"为吉，预示婚姻美满。订婚时要举行聘金交付仪式，男方须向女方支付一定数额的聘金。仪式过程比较婉约，先由女方向男方献上烧肉和酒，并由一位老人念诵祝词，男方受礼后就将钱放入盛肉的工具（一般为木盘或小簸箕）中返还给女方家。作为回礼，女方家按照一定的比例归还男方一定数额的赏金。此时，双方向媒人支付酬金（通常一方酬谢一个媒人）。至此，婚约正式成立。订婚后，如果一方毁约，则须加倍赔偿另一方的损失。

（三）定婚期

举行婚礼的具体日期由男家主动提议，通过媒人告知女方，须征得女方的同意。婚期择定后，男方托媒人给女方送去一条裙子（也可以送银两和现金）、数斤白酒及其他礼品。传统上，彝族女子的结婚年龄须为单数，举行婚礼月份也须为单月（现在也有双月举办婚礼的），日期一般在农牧生产较为闲暇的秋末至初春这一段时间。

（四）节食

临近婚期时，准新娘视路途远近，节食三至九天，以免途中解便。现在交通方便，送亲耗时大大减短，准新娘的节食时间也随之减短，一些准新娘只进行象征性的节食。在四季吉村，村民们还保留着准新娘在出嫁前禁食禁水的习俗，新娘每天只吃一个鸡蛋和只喝一碗水，出嫁当天则完全禁水禁食。

（五）迎亲

迎亲，彝语称为"鲜木"（ꃀꏅ）。结婚的前一天，男方选派一定数量的青壮年组成迎亲队伍（其中包括新郎的一名亲弟或堂弟）前往女方家迎亲。男方达到后，女方组织姑娘们向迎亲者泼水、抹烟灰。嬉戏作罢，便上酒待客，宾主边喝酒边畅谈。晚餐前，宾主进行摔跤比赛，一般都会以平局收场，以示友好。入夜双方唱婚歌"沣沣"，赛口头论辩诗"克智"（ꈍꍯ），男女青年进行抢亲游戏"说确"（ꌺꈤ）。

结婚当日凌晨雄鸡初鸣时，女方亲友为新娘更衣打扮，把发辫梳为独辫，以示少女。姊妹们边梳头边唱"苦嫁歌"，表达依依惜别之情。装扮完毕，将新娘背出门外，示为已嫁。迎亲者涌向新娘进行象征性抢婚，新娘和护侍新娘的姑娘们则进行象征性的抗拒。启程出发时，新娘由新郎的弟弟或堂弟背负上路，其后迎亲者轮流替换。如果路途遥远，新娘需要骑马上路。无论路途远近，新娘均由送亲队伍（在义诺彝族地区，送亲队伍中既有男性

抢亲泼水

也有女性）护送至夫家。现在，基本都是由车队送亲，新娘乘坐婚车，只在离家出发时和到达入户时进行短暂的背亲。送亲途中的讲究较多，比如新娘不能在地埂上或石板歇脚，背亲者需要替换时，须以毛毡铺地，让新娘坐下休息，若与另一位新娘相遇，则须互相交换一根缝衣针，以示婚后美满幸福，人丁兴旺，等等。现在由车队送亲后，途中的这些情况也很少出现了。

（六）婚礼

新娘即将到达时，送亲队伍派出两三个男青年，到新郎家报喜，新郎家则以酒肉款待。男方这边，由新郎长辈或是同寨有福之长辈担任主婚人，提前在住宅附近搭一个临时"新房"，房柱用九根柳树或松木竖立，地铺荞麦秆，上盖竹笆，周围上竹篱。新娘入"新房"时，主婚人摘下新娘头上的红蓝二线，将其埋于房坎下。背亲者将新娘背至"新房"坐下，伴娘们陪坐于其旁。

背亲

林木彝家
四川省凉山彝族自治州美姑县依果觉乡四季吉村

新娘尝食

新娘坐定，婚宴开始，主人家送上泡水酒、千层饼、坨坨肉等让客人尽情享用。在美姑彝族婚宴中，至今保留着"狗抢食"的习俗。宴客开始，由一位老者手持一根串有猪肉条或荞饼的小棍，当众喊几声，并念念有词以示唤狗，众人中便有小孩边学狗叫边跑到老人身旁，抢走其手中的食物。

婚宴毕，主客两方举行摔跤比赛。摔跤结束后，新郎的母亲或其他长辈妇女为新娘送上做好的荞面疙瘩，俗称"新娘尝食"，象征婆媳和睦。随后举行梳头仪式。一般由新郎的未婚妹妹或堂妹给新娘梳妆，梳妆时用过年猪油在新娘头上从上而下抹三次，再用梳子梳三次，把独辫分为双辫，以示结束少女生涯。梳妆之际，送亲的小伙子们会趁机抢走前来梳头的姑娘的头帕、披毡等个人物品，需姑娘们用酒赎回。梳头结束后，男方背亲者将新娘背至堂屋，女方向背亲者赠送赏金。在新娘进屋的同时，主人家招呼客人入屋，以烟酒款待。送亲小伙子们和男方的姑娘们趁机互相打趣，嬉戏作乐。宾主边饮酒边赛"克智"，经一番较量尽兴后结束。随后男方根据双方提前约定或临时商定的数额向送亲者赠送礼金，新娘的舅舅、伯叔、兄弟、伴娘、众家支成员等都有份，数额多少不一，舅舅得到的礼金最多。最后，男方众人端酒立于路旁，欢送女方送亲队伍，婚礼结束。

（七）回门

新娘在婚礼当日或在夫家住几天后回门。新郎率亲友携带礼品同新娘回娘家拜见岳父母。岳父母则备酒杀牲，款待客人和四邻亲友，并举行摔跤、赛"克智"、抢亲游戏"说确"等活动。次日，新郎及陪亲者返回，新娘留在娘家。新娘在娘家居住一段时间后，夫家择吉日举行回亲"哟啦古"（ᐁᑎ）仪式。新娘由叔父、兄弟姊妹等亲友陪同回到夫家。

摔跤比赛

二 丧葬仪式

凉山彝族地区盛行火葬。在美姑县,彝族人死亡后,除不满周岁的婴儿与麻风病人实行土葬外,均实行火葬。各种丧葬仪式中,自然衰老死亡的老年人的葬礼最为隆重。当一位德高望重、儿孙满堂的老人圆满走完一生,亲属们要举办高规格的葬礼,组织悼念活动,为其送行。一次完整的葬礼大致分为整理遗体、杀殉葬羊、扎制担架、报丧、迎客、出丧、火葬等仪程。四季吉村至今保留着较完整的彝族传统丧葬文化,同时又在报丧方式、悼念方式、待客礼仪、饮食等方面有了明显的变迁。

葬礼上用于献祭的牛

（一）整理遗体

老人弥留之际，家人和亲友都要守护在其身旁，并将过年猪油和碎银放入老人口中。老人一断气，家人便为其托嘴抹眼，让其闭目合嘴，好似安详入睡。家人在哭过一阵后便要迅速给遗体整理仪容，并用白酒或热水给其净身，将其双脚卷曲起来，双手握成拳状交叉于胸前。如果逝者为老年妇女，梳理头发时，须将双发辫合为一条。随后为逝者穿寿衣（忌用红黄二色），并为生前吸烟的逝者在寿衣（毡衣）领带上系一节卷烟。穿戴完毕，将遗体侧卧于门板上（男左女右），盖上白布，停放于正屋右侧间。子女亲友开始哭丧，顿时哭声四起，除死者老伴外（按照彝族传统，夫妻一方去世，另一方不能哭泣）在场亲友无不哀声痛哭，场面感人肺腑。从老人去世一刻起，哭丧活动贯穿葬礼仪式的始终。

（二）杀殉葬羊

杀殉葬羊是一项重要仪式，彝语称此羊为"嘎帕确"（ꀀꉙꊿ）。这只羊必须是公羊，越老越好，需要提前准备好。待老人一断气，立即将羊搬倒，扭头让其窒息而亡，不能用刀杀，避免羊发出叫声。羊死后剖肚取出内脏，将苦胆挂于放置遗体的担架上，羊肝用火烧好后与羊肩胛、荞粑粑一起，放入木盘内，摆于灵前祭献逝者。同时，还要将做好的燕麦炒面放入羊皮口袋中置于遗体旁，以此象征逝者归祖路上的口粮。

（三）制扎担架

彝语称停放遗体用的担架为"耶"（ꑳ），老人断气后才开始制扎。担架形似木梯，抬杠多用杉木或松木，并用白布缠绕。制扎担架须遵从相应的规矩，所用的绳索必须为麻线或布条，男性逝者的担架要扎九根木棒作为横档，女性逝者则扎七根。遗体放置于担架内的姿势都是侧卧，朝向男女有别，男性右手在上，女性左手在上。彝族人认为不同的朝向是为了确保逝者亡灵归祖后男性方便用右手抽刀御敌，女性方便用左手捻毛线。

（四）报丧

老人去世后，家属随即按规矩商议确定悼念的时长、迎客日期、出丧日期等内容。传统上，当天或次日逝者家属便派人分别前往亲友家报丧，亲友要杀猪宰鸡招待报丧者，俗称"菜板沾血"。现在，通讯方便，逝者家属主要通过电话来报丧。若有人在年节期间去世，则用簸箕或蓑衣覆盖遗体，不哭丧不报丧，节后再举办丧葬仪式。

（五）迎客

得知老人去世的消息后，同村左邻右舍都要来到丧家慰问、哭丧，晚上还要留下守夜，悼念死者。丧家则杀牛宰羊、猪，以酒肉招待来者。亲戚们接到老人去世的消息后，组织队伍，准备奔丧事宜。路途遥远的亲戚则于迎客日前来奔丧。按照惯例，逝者女婿家的奔丧队伍最庞大，礼品（牛、羊、酒、水果、糖、礼金等）最丰厚，燃放烟花爆竹最多。奔丧队伍临近丧家时，便燃放烟花爆竹致哀，逝者近亲开始带头哭丧。丧家听到声响后也立即燃放烟花爆竹，以示呼应，并派数名青壮年男子身披黑白毡衫，手舞刀剑前去迎接。奔丧者进屋后，立于逝者遗体前放声痛哭，近亲则以边哭边叙的方式来抒发哀悼之情。丧家以烟酒招待来客，以示谢意。饮酒的同时，奔丧队

来奔丧的妇女

来奔丧的亲朋

葬礼上的人群

伍的代表向逝者家属和亲族述说死者生前的高尚品格与光辉事迹,并表达对逝者的缅怀和对亲属的慰问。

(六) 出丧

悼念活动的最后一日,举行出丧和火葬仪式,亲友与逝者做最后的道别。在最后时刻,逝者儿女和亲友围绕遗体站立,尽情哭丧。出丧前由毕摩

出丧

招魂，并劝慰亲属避开逝者遗体，以免其灵魂跟随逝者而去。随后由两个人打着火把在前面开路，事前选定的人员（多为女婿一方的亲属）抬起担架，在数十名男子组成的送葬队伍的护送下前往火葬场。

（七）火葬

火葬场一般选在村寨附近。火葬前，先挖一坟坑，用四根薪柴立柱，以东南西北呈井字形排列，坟坑上交叉堆放薪柴（男性堆九层、女性堆七层）。将遗体连同担架置于柴堆上，头朝东脚朝西。随后解下覆盖遗体的白布，分给逝者儿孙，从遗体头脚两端的位置同时点火。这时哭丧声又一次响起，待逝者的寿衣着火后，大部分送葬亲属离去，负责火葬者和少量亲友陪守。负责火葬者和陪同人员在离火葬场不远处燃起另一堆篝火，一边围着篝火喝酒吃肉，一边看管火葬情况，待火葬完备收拾好骨灰之后才离开。

送葬者返回后，所有前来奔丧者集中在丧家附近空旷处，分食坨坨肉和主食（荞粑粑或馒头）后散去。遗体火葬后不留坟志，在坟地上播种荞子，把骨灰撒到深山老林里或家支专用的地点，以祈逝者安息并护佑子孙后代如竹林般茂盛兴旺、延绵不绝。

出葬后分食牛肉

结语
JIEYU

从四季吉村看少数民族传统村落保护

通过本书前面六章图文并茂的叙述与介绍，我们知道四季吉村作为一个具有多重价值的彝族传统村落，远离城镇化与旅游发展的影响，村落自然环境、空间布局、民居建筑、社会文化，以及村民们传统生产生活方式等传统村落的诸多要素至今保存相对完好。同时，四季吉村作为一个脱贫攻坚背景下的贫困村，在近几年以"两不愁三保障"，村"一低七有"、户"一超六有"等为目标下进行的精准脱贫过程中，获得了超常规、跨越式的发展，但这也给传统村落的保护带来了空前的冲击，这一点最明显的体现是村落空间布局与建筑类型的改变。从我们调查的情况来看，现在的四季吉村已成为一个"插花式"的传统村落。在四季吉村我们既可以看到一座又一座古朴的木板屋，也可以看到近几年来不断新建起来的白墙蓝瓦的"彝家新寨"与砖混结构的"小洋楼"，新建房屋的间距与院落空间已经大大缩小。此外，四季吉村的变化还体现在电力代替水力后水磨被弃用；现代交通工具代替畜力后对牲畜的依赖性减弱；广播电视网络开通后村民间的交往交流减少；水管入户后不再背水；倡导"移风易俗"后村民的思想观念改变等方面。

四季吉村的"插花式"村落景观，以及村落传统的延续与变迁并存现状，代表了社会转型背景下少数民族传统村落面临的一个普遍性问题，即如何平衡保护与发展或者如何在发展中保护的问题。

林木擦家
四川省凉山彝族自治州美姑县依果觉乡四季吉村

（一） 保护与发展的并行与"互促"

少数民族传统村落的保护工作中，保护与发展是一对本来不矛盾，但却时常被对立起来，长期处于顾此失彼或厚此薄彼的失衡状态，难以达成兼顾与平衡的关系。以发展为诉求的各种建设项目往往为传统村落保护带来各种负面影响，甚至造成破坏性后果，这一点在四季吉村表现得特别突出。

作为凉山彝族地区目前仅有的三个国家级传统村落之一，四季吉村在2013年入选"第二批国家级传统村落保护名录"后，地方政府便为其制订了周详的保护规划，保护经费也得到保障。然而在之后凉山彝区脱贫攻坚背景下实施的各种扶贫开发建设项目都有意无意地忽略了四季吉村作为"传统村落"的身份，保护规划无法落地，保护工作基本停滞，村落面貌越来越"走样"。四季吉村分别于2011年通车，2012年通电，2013年通水后，村民们生产生活与出行便利了许多，村落社会文化随之发生了全方位的快速变迁。最显著的变迁体现在民居建筑上，2011年通车后四季吉村的村民们陆续自发新建了四个砖瓦房，改变了全村原本清一色木板屋的建筑格局。2014年以来，由地方政府主导的扶贫开发更是给四季吉村的面貌带来了规模空前的改变。2014年四季吉村开始建设"彝家新寨"，新修了二十二个砖瓦房。2020年在村内建成十八栋安置点楼房与一栋村委会楼房。至此，古朴的木板屋与白色的小洋楼并存的"插花式"村落格局已然形成。其实早在2014年四季吉村开始建设"彝家新寨"后，对其进行抢救式保护的声音就从来没有断绝过，并一度产生了较大的社会反响，可惜最终未能变成推动传统村落保护的实际行动。

　　之所以出现像四季吉村这样只顾发展不顾保护甚至用发展取代保护的做法，原因在于对传统村落保护与发展间辩证关系的无视与短见。保护与发展的辩证关系在于，一方面传统村落所承载的物质财富与精神财富既可以为人们的生产生活提供丰富的资源，也可以为传统村落的发展提供永不枯竭的动力源泉。从这个意义上来讲，保护传统村落就是为了促进发展及其可持续性。另一方面发展既是人的基本需求，也是促进传统村落保护的重要手段。通过发展，可以不断丰富传统村落的物质与文化内涵，让传统村落更加美丽，并为解决传统村落保护中遇到的问题提供物质保障与智力支撑。在少数民族传统村落的保护中，我们应当做到保护与发展的并行与"互促"，在保护中促进发展，在发展中实现保护。

四川省凉山彝族自治州美姑县依果觉乡四季吉村

二 整体性保护与活态性保护

虽然传统村落是与现有的物质与非物质文化遗产大不相同的另一类遗产，但非物质文化遗产保护的"整体性"与"活态性"原则在传统村落的保护中也至关重要。与非物质文化遗产保护相比，传统村落保护中应当秉承的整体性与活态性原则自有其特殊内涵，需要加以明辨。

整体性保护方面，我们可以借助王明珂有关构成人类社会基本面貌的四个要素的划分来进行认识。他认为，人类社会的共性表现在环境、经济生业、社会结群、文化与其表征等四个相互联结、相辅相成的要素上。其中环境、经济生业与社会结群共同构成人类生态，而文化与其表征是与人类生态相应和的社会表相。我们可以通过以上四个要素及其相互关系来从整体上认识不同类型的人类社会。一个传统村落就是一个小型社会，包含了人类社会基本面貌的四个要素。其中，环境是指村落所处自然环境与人造环境的综合体。经济生业是指村民们利用环境获得生活资源的农、牧等生计手段。社会结群是指与村落环境与经济生业相适应的社会组织与人群区分。文化是指村落中语言、文字、习俗、宗教、礼仪、服饰、建筑等社会规范。文化表征是指村民们在文化的规范下产生的社会行为与建构。对传统村落进行考察时应当从总体着眼，兼顾上述四个要素，对其中有价值的方面开展整体性保护。

活态性保护原则建立在传统村落社会文化的"活态性"与"变迁性"特征上。传统村落不是历史遗址，也不仅仅是一个地理区域或建筑群，而是有人生活于其中的、生动鲜活、有生命力的自然空间与社会空间的综合体。村民在村落中世代交替,村落的各个方面在所处环境、自身历史、村落特点、人的行为等综合因素的影响下处于不断的变迁中。对于"活态"的村落必然只能进行"活态"的保护,既要在变迁中保护与弘扬优秀传统,又要在对传统的坚守中主动创新与变革,实现村落社会文化传统的永续传承与发展。

三　从"自在传承"到"自觉保护"

相对于传统村落千百年来的"自在传承"而言，对传统村落的"文化自觉"以及在此基础上的"自觉保护"是晚近的"稀缺品"。20世纪末以来，在急剧推进的工业化、城镇化、旅游开发等因素的影响下，传统村落的自在传承方式受到极大挑战，一方面传统村落的数量在急剧减少，另一方面现有传统村落仅靠自在传承已经难以维系自身的存在。一些传统村落在人们尚未认识到其保护与传承价值前已经消失殆尽，造成无法挽回的损失。

对于像四季吉村一样地处偏远、发展滞后的少数民族传统村落而言，虽然受工业化、城镇化与旅游开发的影响较小，但受国家扶贫开发事业特别是近几年来精准扶贫工作的影响越来越大，加之少数民族群众对保护传统村落的自觉意识也较主流社会淡薄，传统村落保护工作形势严峻，面临较多问题。因此，唤醒传统村落保护主体特别是生活于传统村落中的村民们的文化自觉，使其从"要我保护"的被动状态转变为"我要保护"的主动作为，推动让传统村落实现从自在传承到自觉保护的转化，已经成为当前传统村落保护工作急需解决的迫切问题。

在推动保护传统村落的文化自觉过程中，既要从文化"自知之明"与文化自信的高度，引导民众正确认识"自我"，领会传统村落及其所承载的传统文化的价值，也要通过传统文化进校园、进农民夜校等精准措施，传承地方历史与文化知识，唤醒保护意识。在具体的保护实践中，既要鼓励村民们从自身做起，在村落日常生产生活中以自觉行动践行传统村落保护理念，也要努力激发村民们的能动性与创造性，吸引其主动参与到具体保护项目的实施中。

参考文献

一、专著

1. 美姑县志编纂委员会，《美姑县志》，四川人民出版社，1997年6月。
2. 昭觉县志编纂委员会，《昭觉县志》，四川辞书出版社，1999年1月。
3. 李锦，《家屋与嘉绒藏族社会结构》，社会科学文献出版社，2017年8月。
4. 凉山州民族食文化研究会，《凉山州彝族饮食礼俗》（内部资料），凉山科技服务部印刷，1999年7月。
5. 中国地理百科丛书编委会，《大小凉山》，世界图书出版广东有限公司，2015年8月。
6. 伍精忠，《凉山彝族风俗》，四川民族出版社，1993年12月。
7. 成斌，《凉山彝族民居》，中国建材工业出版社，2017年4月。
8. 美姑县地名领导小组，《四川省凉山彝族自治州美姑县地名录》（内部资料），美姑县印刷厂，1987年10月。
9. 曾明、罗曲、阿牛史日、吉郎伍野，《大凉山美姑彝族民间艺术研究》，四川民族出版社，2004年8月。
10. 王明珂，《反思史学与史学反思》，上海人民出版社，2016年4月。
11. 陆刚，《阿西里西的故乡：板底彝族古村落》，贵州民族出版社，2018年10月。
12. 唐钱华，《宗教民俗与生存实践：凉山彝族阿都村落的民族志研究》，宗教文化出版社，2014年9月。

13. 朱爱东、范涛，《城市边缘的彝族村落：云南宣威县庄子村调查与研究》，知识产权出版社，2008年7月。
14. 王玲，《云南少数民族农村的社会文化变迁：对石林圭山大糯黑村彝族撒尼支系的调查与思考》，中国社会科学出版社，2015年1月。
15. 高登荣，《云南彝族村落社会文化变迁研究：禄劝坎邓村考察》，云南人民出版社，2009年12月。
16. 温泉、董莉莉，《西南彝族传统聚落与建筑研究》，科学出版社，2016年12月。
17. 魏明德，《从"羊圈"小村到地球村：凉山彝族的生活与传说》，四川民族出版社，2008年4月。
18. 郭东风，《彝族建筑文化探源：兼论建筑原型及营构深层观念》，云南人民出版社，1996年3月。
19. 高发元，《云南民族村寨调查：彝族——峨山双江镇高平村》，云南大学出版社，2001年4月。
20. 曾昭抡，《大凉山夷区考察记》，中国青年出版社，2012年12月。
21. 贵州省毕节地区民族事务委员会，《物始纪略》（第二集），四川民族出版社，1991年1月。
22. 苏克明等，《凉山彝族哲学与社会思想》，四川人民出版社，1999年4月。
23. 政协凉山州委员会文史资料委员会，《凉山文史资料选辑》（第12辑）（内部资料），1994年2月。
24. 梁上泉，《歌飞大凉山》，人民文学出版社，1976年5月。
25. 罗庆春，《彝脉：第二母语的诗性创造——西南民族大学彝学学院校友汉文文学作品选》，辽宁教育出版社，2011年1月。
26. 白郎，《火焰与柔情之地：凉山彝族乡土纪实》，重庆出版社，2007年4月。
27. 阿库乌雾，《神巫的祝咒》，中国戏剧出版社，2010年3月。

二、论文

1. 冯敏、陈志明，《凉山彝族奴隶制民居的建筑艺术》，载《中央民族学院学报》，1990年第6期。

2. 李永生，《彝族的土掌房》，载《云南社会科学》，1995年第6期。

3. 嘉日姆几，《云南小凉山彝区村落空间生成研究——与杜赞奇"权力的文化网络"之理论对话》，载《民族研究》，2012年第1期。

4. 刘浩，《从彝族的风俗文化看彝家民居》，载《西南民族大学学报（人文社会科学版）》，2003年第8期。

5. 高登荣，《时空制度与文化变迁：对云南坎村彝族的考察》，载《广西民族研究》，2008年第1期。

6. 张跃、舒丽丽，《传统与现代间的彝族文化探析：以松子园彝村为例》，载《广西民族大学学报（哲学社会科学版）》，2009年第2期。

7. 龙倮贵，《滇南彝族自然神灵观念与村落格局》，载《贵州民族研究》，2009年第2期。

8. 杨国才，《楚雄千年彝族诸葛营村的震后重建与旅游开发：地质灾害后村落发展的启示与社会学思考》，载《云南民族大学学报（哲学社会科学版）》，2011年第5期。

9. 王冬梅，《楚雄彝族民间建筑的艺术性研究》，载《贵州民族研究》，2014年第6期。

10. 巴莫曲布嫫，《凉山义诺彝族的季节仪式及其节日化之走向》，载《日中文化研究》，东京：勉诚社，1998年第3期。

11. 李燕妮、张晓萍，《民族村寨旅游发展中节庆活动的传承与创新：以云南红河州可邑彝族村寨为例》，载《贵州民族研究》，2013年第4期。

12. 崔璨，《民族古村落村民参与旅游问题研究：以昆明团结镇乐居村为例》，载《原生态民族文化学刊》，2018年第1期。

13. 李程春、吴忠祥，《浅析土掌房之美》，载《思想战线》，2013年第S1期。

14. 李金发，《旅游经济与民族村寨文化整合：以云南红河州慕善彝村为例》，载

《西南民族大学学报（人文社会科学版）》，2011年第3期。

15. 田咪咪、徐钊，《"一颗印"建筑折射出的云南彝族居室文化》，载《艺术探索》，2010年第5期。

16. 马特合，《毕摩文化视野下的凉山彝族传统民居形态解读：以美姑县传统民居为例》，西南民族大学硕士学位论文，2019年6月。

17. 杨庆光，《楚雄彝族传统民居及其聚落研究》，昆明理工大学硕士学位论文，2008年4月。

18. 才让扎西，《传统社会组织视野下的民居建筑研究：以哀牢山波村彝族为例》，云南大学硕士学位论文，2011年4月。

19. 阿牛史日，《美姑县九口乡瓦乌村彝族年调查报告》，载于中国彝族毕摩文化研究中心编印《毕摩文化》，内部发行，2010年刊。

20. 万义，《村落社会结构变迁中传统体育的非物质文化遗产保护：以弥勒县可邑村彝族阿细跳月为例》，载《体育科学》，2011年第2期。

21. 孙亮亮，《村落社会语境中的民间传统体育仪式展演与文化变迁：以楚雄彝族自治州南华县岔河村跳脚为例》，载《攀枝花学院学报》，2015年第2期。

22. 李全发，《代沟对彝族村落文化的影响：以滇中塔冲村为例》，载《毕节学院学报》，2011年第12期。

23. 李兴军，《当代传统村落文化变迁与重构研究：云南环州彝族大村的个案》，中南民族大学硕士学位论文，2018年3月。

24. 车震宇、郑溪、陈俊松，《地方特色在旅游型民族村落规划中的应用和体现：以石林五棵树新村为例》，载《华中建筑》，2009年第7期。

25. 童正容、陈昌文，《第三社区：西部民族村落的发展方向——关于一个彝族村落的调查与思考》，载《西南科技大学学报（哲学社会科学版）》，2005年第2期。

26. 龙保贵，《试析彝族阴阳观》，载《毕节学院学报》，2012年第10期。

27. 韩亮、张丹、张映兰，《电视媒体对彝族村落公共空间演变的影响》，载《现代传播》，2016年第5期。

28. 杨大禹，《叠落的土掌，古韵的传承：城子搬迁新村规划及新民居设计分析》，载《昆明理工大学学报（社会科学版）》，2011年第5期。

29. 刘悦，《峨山亚尼坝彝族村落形态变迁研究》，昆明理工大学硕士学位论文，2019年5月。

30. 李绍东，《峨山亚尼河谷彝族传统民居形态及其建构技艺价值研究》，昆明理工大学硕士学位论文，2019年5月。

31. 范美霞，《行将消失的瓦板房：凉山彝族传统民居特点及其文化内涵》，载《贵州民族学院学报（哲学社会科学版）》，2012年第1期。

32. 陆刚，《环韭菜坪彝族特色村寨建设调查研究》，载《边疆经济与文化》，2019年第4期。

33. 高登荣，《经济生活与社会文化变迁：对云南坎村彝族的考察》，载《贵州民族学院学报（哲学社会科学版）》，2002年第1期。

34. 李涛，《昆明市团结乡乐居老村彝族传统村落建筑文化研究》，云南大学硕士学位论文，2015年5月。

35. 杜欢，《凉山彝族传统民居造型与色彩研究》，重庆大学硕士学位论文，2009年5月。

36. 侯宝石，《凉山彝族民居建筑及其文化现象探讨》，重庆大学硕士学位论文，2004年5月。

37. 阿牛木支，《论凉山彝族民房建筑结构及其现代科学思想》，载《凉山大学学报》，2001年第3期。

38. 平慧，《浅析彝族土掌房的文化内涵及其保护价值：以云南省泸西县城子村为例》，载《毕节学院学报》，2010年第12期。

39. 念鹏帆、郭建斌，《少数民族村落空间变迁的个案考察：以云南石林彝族自治县蝴蝶村为例》，载《陕西理工大学学报（社会科学版）》，2017年第3期。

40. 伊利贵、刘东旭，《协作与抗争：云南晋宁一个彝族村落的文化建构》，载《学理论》，2010年第27期。

41. 黄龙光、邱月，《一个边疆彝族村落社会经济现代性变迁考察》，载《楚雄师范学院学报》，2008年第10期。

42. 苏斐然、毛丽红，《彝族传统民居建筑的伦理意蕴及其当代价值》，载《楚雄师范学院学报》，2017年第5期。

43. 王俊，《彝族传统文化的传承与保护模式浅谈：以黔西北彝族村寨阿西里西为例》，载《人民论坛》，2013年第3期。

44. 苏斐然，《彝族村落的权威结构及其变迁趋势：以楚雄彝族自治州为样本的分析》，载《楚雄师范学院学报》，2015年第5期。

45. 张源洁，《彝族居住模式的文化解析：以大姚县昙华乡松子园村为例》，载《毕节学院学报》，2010年第1期。

46. 戴旭斌、彭予洋、周波、陈一，《彝族瓦板房聚落景观意象解析及保护发展探讨：以中国传统村落四川美姑县古拖村为例》，载《四川文物》，2015年第2期。

47. 苏斐然，《云南彝族传统村落的保护和利用研究》，载《渭南师范学院学报》，2017年第11期。

48. 苏文韬，《论乡村振兴与保护开发彝族村落文化：以楚雄彝族村落文化为例》，载《云南社会主义学院学报》，2019年第3期。

后记

虎 甲

我成长于安宁河畔一个外观上和周围汉族村落没有差别，看不出任何民族特色的彝族村庄，从小就对传说中大凉山深处的彝族传统村落有一种既陌生又好奇的感觉。从事民族研究工作后，我经常到凉山腹心地带去做田野调查，但因研究主题与时间的限定，对彝族传统村落大多"走马观花"，很少有机会进行深入调查。此次参与"藏羌彝文化走廊传统村落研究丛书"项目，让我终于有了和彝族传统村落长时间零距离接触的机会。丛书主编四川大学李锦教授让我负责彝族传统村落的调查与撰写工作，并指导了从选定田野点到开展调查，再到书稿的撰写、修改与定稿的全过程。本书付梓之际，衷心感谢李老师的信任、提携与指导。

我于2019年2月对四季吉村进行为期一周的探访后组建了课题组，邀请吉洛打则和谢诗呷两位同事参与其中。吉洛打则来自四季吉村所属的义诺土语区，深谙义诺彝族的传统文化，民族文学的专业背景和长期彝汉双语文学创作经验使其具有较强的写作能力。打则热情开朗，擅于与人打交道，在他的带动下我们迅速建立了牢固的工作关系，他的家人也几乎都成了我们的田野调查助手。谢诗呷专攻民族艺术，为人踏实细心，在课题组中承担摄影工作，他创立的凉山州南墙诗影文化传播有限公司为我们无偿提供了设备支持，他对彝族传统村落摄影的独特领悟与敏锐的镜头捕捉能力为本书增色不少。课题组成立后，我们先后于2019年12月、2020年3月和7月三次深入四季吉村开展田野调查和摄影，并多次在西昌、昭觉两地对多位彝族传统建筑工匠和彝族文化集大成者"德古"进行了访谈，田野调查和访谈的时间累计超过三十天。我们三人的专业有别，研究领域不同，但对民族传统文化的共同热爱与彼此间的默契使团队保持了较高的效率，不同专业视角间的相互补充与刺激也使我们的合作充满了愉快的体验。

本课题开展过程中得到了许多人的支持和帮助，本书是众人集体参与的成果。美姑县疾控中心主任何新和西昌学院彝语言文化学院学生沙马克的分别从官方和民间两个渠道为我们顺利进入四季吉村提供了协助。中央民族大学的侯远高老师给我们提供了社会组织参与彝族传统村落保护的相关资料。西昌学院曲木伍各、洛边木果、阿牛木支、何刚、沙马打各、吉牛拉惹、孙正华等前辈学者一直鼓励我们潜心学术，并对本书的田野调查与文稿撰写给予了帮助。美姑县委宣传部陈瑶和时任四季吉村驻村"第一书记"李钊向我们提供了四季吉村的图文与数据资料。昭觉彝族"德古"阿合衣加协助了田野调查的开展，并和另一位来自四季吉村的"德古"木坡古一一起对我们进行了彝族历史与习惯法方面的指导。打则的父亲吉洛尔普给我们传授了许多彝族传统文化知识，其妹夫衣火伍哈参与了课题组的第四次调研并与他的妻子吉洛玛微一起绘制了四季吉村的平面布局图和传统木板屋的结构图。现居西昌的阿合者衣年轻时是远近闻名的彝族传统建筑工匠，他在四季吉村建造的两个高规格的木板屋（耶莫）至今保存完好，他多次接受我们的访谈，耐心地回答了所有问题，他身上体现出的匠人精神让人印象深刻。四季吉村民风淳朴，村民热情好客，对我们的调查毫无排斥，对我们的提问知无不言，极大地提高了我们的工作效率。特别是村主任木坡格夫家、村民阿则尔祖家和甲斯克古家，全程为我们的调查提供了大力协助，解决了我们调查期间的吃住问题，协调了入户访谈事宜。这三个家庭的日常生活和其所居住的木板屋建筑，以及家庭成员们的生命史成了我们理解四季吉村的重要"样本"。特别是，木坡烈布和阿则尔祖两位青年还为我们讲述了许多关于四季吉村的"人"和"事"，并为本书提供了自己所写的文字材料。如果没有上述这么多人的慷慨相助，我们将举步维艰，难以完成本书，在此向他们致以最诚挚的谢意。真心期望在大家的携手努力下，凉山彝族传统村落能早日摆脱岌岌可危的局面，实现保护与发展的良性循环。

最后，感谢四川民族出版社的胡华副社长和秦琳编辑，他们的耐心细致与专业严谨确保了本书的顺利出版。

何文海

2020年8月8日